W0209423

WERNER BARTENS

PARTNER GLÜCK

Wie eine gesunde
und dauerhafte
Beziehung gelingt

Insel

Erste Auflage
© Insel Verlag Berlin 2017
Alle Rechte vorbehalten, insbesondere das
der Übersetzung, des öffentlichen Vortrags,
der Verfilmung und Übertragung durch Rundfunk
und Fernsehen, auch einzelner Teile.
Kein Teil des Werkes darf in irgendeiner Form
(durch Fotografie, Mikrofilm oder andere Verfahren)
ohne schriftliche Genehmigung des Verlages
reproduziert oder unter Verwendung elektronischer
Systeme verarbeitet, vervielfältigt
oder verbreitet werden.
Satz: Satz-Offizin Hümmer GmbH, Waldbüttelbrunn
Druck: GGP Media GmbH, Pößneck
Umschlaggestaltung: zero-media.net, München
Printed in Germany
ISBN 978-3-458-17676-3

WERNER BARTENS

PARTNER GLÜCK

Wie eine gesunde
und dauerhafte
Beziehung gelingt

Insel

Erste Auflage
© Insel Verlag Berlin 2017
Alle Rechte vorbehalten, insbesondere das
der Übersetzung, des öffentlichen Vortrags,
der Verfilmung und Übertragung durch Rundfunk
und Fernsehen, auch einzelner Teile.
Kein Teil des Werkes darf in irgendeiner Form
(durch Fotografie, Mikrofilm oder andere Verfahren)
ohne schriftliche Genehmigung des Verlages
reproduziert oder unter Verwendung elektronischer
Systeme verarbeitet, vervielfältigt
oder verbreitet werden.
Satz: Satz-Offizin Hümmer GmbH, Waldbüttelbrunn
Druck: GGP Media GmbH, Pößneck
Umschlaggestaltung: zero-media.net, München
Printed in Germany
ISBN 978-3-458-17676-3

Inhalt

Vorwort: Sieben Schritte bis zum verflixten siebten Jahr

Verliebt sein kann jeder. Die Schwärmerei am Anfang ist sogar ziemlich leicht. Aber eine dauerhafte Beziehung trotz Gewöhnung, Genervtsein und Gewichtszunahme nicht nur zu führen, sondern auch zu genießen und sich gegenseitig zu beglücken, das erfordert weitaus mehr. Es gehört wohl zu den schwierigsten Aufgaben im Leben, einander auch nach vielen Jahren der Partnerschaft noch liebevoll, zugewandt und neugierig zu begegnen. Was für eine Herausforderung, den anderen nicht nur zu ertragen, sondern sich aneinander zu freuen und auch dann noch neue Seiten des Partners zu entdecken, wenn man längst alles voneinander zu kennen glaubt!
Dabei lohnt sich das Miteinander aus vielerlei Gründen, auch wenn die Schmetterlinge im Bauch schon seit Jahren kaum noch ihre Flügel heben. Sich verstehen und vertrauen, voneinander wissen, mit dem Partner wachsen und die Herausforde-

rungen des Alltags immer wieder gemeinsam bewältigen, das kann ungeheuer befriedigend sein. Außerdem sind langjährige Partnerschaften ein erstaunlicher Jungbrunnen: Längst ist erwiesen, dass ein liebevoller Umgang miteinander nicht nur auf vielfache Weise bereichernd ist, sondern auch etliche Krankheiten lindern oder gar verhindern hilft. Sogar die Prognose von Krebspatienten fällt günstiger aus, wenn sich die Kranken bei ihrem Partner aufgehoben und geborgen fühlen.

Zuwendung, Nähe und das gute Gefühl, geliebt zu werden, lassen gleichermaßen Seele und Körper gesunden. Positive Gefühle füreinander stärken beispielsweise das Immunsystem und verbessern auf diese Weise die Abwehrkräfte. Sie senken das Schmerzempfinden und halten die Blutgefäße elastisch und offen. Der medizinische Nutzen einer gelingenden Beziehung ist beeindruckend. Von der banalen Erkältung bis hin zu Schlaganfall, Herzinfarkt und Tumorleiden beobachten Wissenschaftler die heilsamen Wirkungen einer vitalisierend beglückenden Partnerschaft. Die Effekte sind zahlreich. Liebe müsste eigentlich auf Rezept verschrieben werden.

Das Hohelied auf die Liebe kann man zwar gar nicht euphorisch genug anstimmen. Die zahlreichen Vorteile und der Nutzen eines fürsorglichen Miteinanders bedeuten jedoch keineswegs, dass jeder aufkeimende Konflikt in Harmoniesauce ertränkt werden soll. Deshalb geht es im Folgenden auch nicht nur um den medizinisch-therapeutischen Wert langjähriger Partnerschaften und die ebenso beglückenden wie gesundheitsförderlichen Auswirkungen inniger Zweisamkeit. Vielmehr soll auch aufscheinen, wie konstruktives Streiten gelingt, warum lebhafte Auseinandersetzungen zwar die Würze einer vitalen Beziehung sind, chronische Kränkungen aber krankmachen – und weshalb Männer in Beziehungen oft die Verletzlicheren sind. Schließlich können ständiges Gezänk und dauernde Missachtung die Lebenserwartung sogar verringern. Dabei ist ein gesundes und glückliches Miteinander möglich. Das geht. Wirklich. Entlang von sieben großen und vielen kleinen Schritten soll der Weg zu einer gelingenden Partnerschaft aufgezeigt werden.
Warum gerade sieben Schritte? Mittlerweile werden mehr als 40 Prozent aller Ehen in Deutschland

geschieden. Als verheiratetes Paar sind die Chancen also ziemlich groß, vor den Trümmern seiner Beziehung zu stehen und irgendwann wieder getrennter Wege zu gehen. Bis es so weit kommt, halten Partnerschaften zwar eine ganze Weile. 15 Jahre beträgt in Deutschland die durchschnittliche Dauer einer Ehe, bis der Gang zum Scheidungsrichter droht. In dieser Zeit kann man zwar eine Beziehung dauerhaft zugrunde richten. Das funktioniert, wenn man es nur hartnäckig genug versucht. Allerdings sammeln sich die Trümmer einer Beziehung meist schon am Anfang an, besonders in der Zeit bis zum verflixten siebten Jahr. Bis dahin haben Paare jedoch genügend Möglichkeiten, um – Tag für Tag und Schritt für Schritt – alles dafür zu tun, damit sie eine Trennung verhindern. Das kann zwischendurch anstrengend sein, aber es lohnt sich.

Dieses Buch soll Mut machen und beide Partner unterstützen: Sieben Schritte zur Aufbauhilfe, damit die Beziehungskiste dauerhaft hält. Und es soll nicht nur darum gehen, zusammen zu bleiben. Ein schönes Ziel wäre es doch auch, beide von der Gemeinsamkeit profitieren zu lassen, sowohl seelisch

als auch körperlich. Sieben Schritte, meinetwegen für jedes Jahr einen, bis ein festes Fundament gelegt ist. Dann kann das vermeintlich verflixte siebte zum beglückenden siebten Jahr werden. Die folgenden Hilfestellungen bieten zwar keine Garantie auf immerwährendes Partnerglück, aber sie dürften zumindest das kläglich niedrige Mindesthaltbarkeitsdatum der meisten Beziehungen um einiges verlängern.
Bis zum silbernen Jubiläum kann es eigentlich fast jedes Paar schaffen. Und wer schon 25 Jahre gemeinsam bewältigt, wer schon so viele Höhen und Tiefen zusammen erlebt hat, den werden die weiteren Herausforderungen der Partnerschaft auch nicht mehr schrecken. Sich scheiden lassen, kann schließlich jeder. Zusammenbleiben und dabei weiterhin füreinander schwärmen – das ist die Kunst.

Wie Beziehungen gesundmachen: Liebe auf Rezept

Vorteil Partnerschaft: Warum sich Menschen binden sollten

Fast jede zweite Ehe scheitert, dennoch wagen es Männer und Frauen immer wieder: Sie lassen sich aufeinander ein, viele schließen irgendwann gar den Bund fürs Leben. Es sind nicht allein die günstigen gesundheitlichen Nebenwirkungen, die Mann und Frau in eine Paarbeziehung treiben. Gerhart Hauptmann hatte einen realistischen Blick auf die Entwicklung, die etlichen Bindungen zwischen Männern und Frauen mit fortschreitender Dauer droht. »Gewisse Ehen halten nur in der Weise zusammen wie ineinander verbissene Tiere«, konstatierte der Schriftsteller, der nach acht Ehejahren eine Liaison mit Margarete Marschalk begann, die er elf Jahre später zu seiner zweiten Ehefrau nahm – um sie bald mit einer 16-Jährigen zu betrügen.

Doch trotz aller Affären, trotz falscher Treueschwüre und der Aussicht auf verstreut herumlie-

gende Socken ziehen Mann und Frau immer wieder in den Stellungskampf und lassen sich ihr Ja-Wort legalisieren. Und das, obwohl sie wissen, dass der Bund fürs Leben keineswegs stets ein Leben lang hält. Im Jahr 2015 (neuere Daten sind bisher nicht erhältlich) wurden in Deutschland immerhin 400 000 Ehen geschlossen – aber auch ungefähr 165 000 wieder geschieden. Das entspricht einer Quote von stattlichen 41 Prozent; in Großstädten liegt der Anteil der Geschiedenen und Getrennten sogar noch höher.
Die Paare, die sich scheiden lassen, entscheiden sich für diesen Schritt allerdings erst nach durchschnittlich 15 Jahren Ehe, zumindest war das im Jahr 2015 der Fall. Diese Zahl stimmt ein wenig zuversichtlich, denn für die im Jahr 1990 Geschiedenen lag die durchschnittliche Ehedauer mit elfeinhalb Jahren noch um dreieinhalb Jahre niedriger. Aber auch weitaus länger andauernde Ehen sind heutzutage nicht mehr für die Ewigkeit gemacht: Seit 1993 hat sich die Zahl der Ehescheidungen, zu denen es nach einer Ehedauer von 26 und mehr Jahren kommt, mit 24 800 Trennungen pro Jahr fast verdoppelt. Auf die Treue der

»Senioren« ist kein Verlass mehr – sie lassen sich ebenfalls vermehrt scheiden.
Wer sehr lange zusammenbleibt, gewinnt zwar genügend Erfahrung, um genau zu wissen, wie er den andern am besten kränkt, demütigt oder auf andere Weise fertigmacht. Es besteht in dieser Zeit aber auch die Chance, die typischen Fallstricke des Miteinanders zu erkennen, zerstörerische Konflikte zu vermeiden und etwas dafür zu tun, dass die Partnerschaft nicht nur länger hält, sondern sich auch besser anfühlt und damit für beide Seiten erfreulicher verläuft.
Da keineswegs nur Masochisten den Weg zum Standesamt einschlagen, muss die Ehe eine Anziehungskraft ausüben, die stärker ist als düstere Prognosen, statistische Ernüchterungen oder das Diktum von Oscar Wilde, wonach die Ehe lediglich der Versuch sei, »zu zweit wenigstens halb so glücklich zu werden, wie man allein gewesen ist«.
Ist es vielleicht der Hang zur Selbsterhaltung, der Menschen immer wieder in chronische Bindungen treibt? Wer verheiratet ist, lebt schließlich länger, wird seltener krank, ernährt sich ausgewogener und ist im Alter länger mobil. Verheiratete

werden später dement und sind nicht so früh auf fremde Hilfe angewiesen. Diese – statistisch gemittelten – Befunde lassen sich immer wieder erheben, obwohl sich etliche Paare schon nach kurzer Zeit nur noch angiften oder gleichgültig aneinander vorbei leben. Sie spielen allerdings leichtfertig mit ihrer Gesundheit – das sollte in Beipackzetteln vermerkt werden, die das Standesamt bitte zukünftig bei Eheschließungen ausgibt.
Welche Wunderwirkung geht da erst von einer Partnerschaft aus, wenn auch nach vielen Jahren der Zweisamkeit noch tiefes Verständnis und Zuneigung für den Partner vorherrschen! Dann gleicht die Ehe einem so günstigen wie nebenwirkungsarmen Allheilmittel, das die Schmerzempfindlichkeit senkt und verheirateten Männern niedrige Blutdruckwerte beschert und sie zudem vor Zwölffingerdarmgeschwüren schützt. Sollten die Herren im Alter nach einem Herzleiden einen Bypass benötigen, bleibt dieser bei verheirateten Männern etwa doppelt so lange geöffnet wie bei Singles und der drohende Infarkt lässt entsprechend länger auf sich warten oder tritt gar nicht erst ein.

Frauen, die sich von ihrem Partner geliebt und geschätzt wähnen, profitieren ebenfalls von Zuneigung und Halt in ihrer Beziehung. Sie bekommen seltener Harnwegsinfekte, und an Husten, Heiserkeit und anderen Erkältungsleiden erkranken sie auch nicht so oft. Stimmt es in der Partnerschaft, sind sie buchstäblich seltener verschnupft. Forscher haben sogar Hinweise dafür gefunden, dass die Prognose bei Brustkrebs besser ist, wenn sich Frauen bei ihrem Partner geborgen fühlen. Eine bessere Arznei zur Gesunderhaltung der Bevölkerung könnte sich kein Arzt und keine Krankenkasse ausdenken.

Heilmittel Ehe: Verheiratete haben eine bessere Krebsprognose

Wer verheiratet ist, hat mehr vom Leben. Vom notorischen Beziehungsgezänk ermattete Zeitgenossen mögen über diese Weisheit zwar bitter lächeln, medizinisch ist sie jedoch kaum zu widerlegen. Längst ist in zahlreichen Studien nachgewiesen worden, dass dauerhafte Beziehungen gesünder sind als das Dasein als Single und dass ein Trauschein gleich mehrere Risikofaktoren verringern hilft. Überdies ernähren sich Menschen in Partnerschaften ausgewogener, sie passen mehr auf sich auf und sind medizinisch besser versorgt.

Dass Ehepartner sogar eine bessere Prognose bei schweren Leiden wie Krebs haben, ist von Forschern wiederholt gezeigt worden. Zuletzt haben es kalifornische Wissenschaftler im Jahr 2016 in zwei großen Untersuchungen im Fachmagazin *Cancer* belegt. Ein Ärzteteam um María Elena Martínez hat beispielsweise Daten von fast 400 000 Männern und nahezu ebenso vielen Frauen aus dem kalifornischen Krebsregister analysiert. Unter so vielen Teilnehmern waren naturgemäß verschiedene Bevölkerungsgruppen und Ethnien. Am größten war der Unterschied in der Sterblichkeit an Krebs bei weißen Männern. Die Mortalität an einem bösartigen Tumor lag bei Junggesellen um erstaunliche 24 Prozent höher als bei ihren verheirateten Geschlechtsgenossen. Wer allein ist, stirbt also deutlich früher an Krebs.

Frauen hatten zwar auch eine günstigere Prognose, wenn sie verheiratet waren, doch bei ihnen fiel der Unterschied nicht so deutlich aus wie bei den Männern. Ledige, weiße Frauen hatten eine um 17 Prozent erhöhte Krebs-Sterblichkeit gegenüber Frauen im Ehestand. Zwischen den untersuchten Volksgruppen gab es hingegen erhebliche Unterschiede: Unter Frauen mit asiatisch-pazifischem Hintergrund lag der Nachteil für die Junggesellinnen nämlich nur bei einer um sechs Prozent höheren Sterblichkeit gegenüber ihren familiär gebundenen Geschlechtsgenossinnen.

Das heißt, dass Frauen offenbar – unabhängig vom Familienstand – besser dazu in der Lage sind, sich Unterstützung und psychologische Stärkung aus ihrem Umfeld zu holen, wenn sie krank sind. Schließlich verbessern nicht nur Medikamente, Strahlen und Operationen die Krebsprognose und damit die Überlebenschancen, sondern auch Zuwendung und das gute Gefühl, aufgehoben im Kreis von Freunden und Angehörigen zu sein.

»Onkologen müssen sich bewusst sein, dass bei Unverheirateten mit einer erhöhten Sterblichkeit an Krebs zu rechnen ist«, appelliert Martínez an die Doktoren. »Ärzte, die Singles behandeln, sollten sie fragen, ob sie ein soziales Netz haben und jemanden, der sich während der Therapie um sie kümmert – und zwar körperlich wie emotional.« Auf die gesundheitlichen Nebenwirkungen des Single-Daseins wird bisher von der Medizin viel zu wenig geachtet. Das muss sich ändern, schließlich kann seelische Stärkung besser wirken als so manches Medikament.

Die emotionale Unterstützung durch einen intakten Familien- wie Freundeskreis ist wohl auch der Grund dafür, dass Krebspatienten aus lateinamerikanischen oder asiatischen Kulturen auch dann weniger Einbußen in ihrer Prognose haben, wenn sie nicht verheiratet sind und keinen Partner haben. Dieser Effekt kann jedoch verlorengehen. »Je mehr sich Einwanderer an die US-Kultur angleichen, desto stärker wirkt sich das negativ auf ihr Überleben mit Krebs aus«, sagt Martínez.

Vermutlich sind familiäre Bindungen und das unterstützende Netzwerk bei weißen Amerikanern längst nicht so ausgeprägt wie in anderen Kulturen. Sich in schweren Zeiten nicht genügend aufgehoben und getragen zu fühlen, ist mit ein Grund dafür, dass die Krankheit schneller zum Tode führt.

In einer weiteren Studie zeigten dieselben Forscher, dass Unterschiede in der Krebsprognose zwar abhängig von Familienstand, Geschlecht und Volksgruppe sind, aber nichts damit zu tun haben, wie viel die Menschen verdienen und wie sie krankenversichert sind.

Mediziner hatten in früheren Untersuchungen immer wieder dokumentiert, dass Verheiratete länger leben und gesünder sind. Die engen familiären Bindungen erleichtern es Patienten auch, sich im Gesundheitswesen besser zurechtzufinden und während langwieriger Therapien und der Suche nach dem richtigen Arzt den Mut nicht zu verlieren. In der Gruppe der Krebspatienten hat sich gezeigt, dass bei jenen, die verheiratet sind, sowohl die Diagnose früher gestellt als auch die Therapie rascher begonnen wurde. Diese Faktoren tragen neben der emotionalen Unterstützung in der Familie ebenfalls dazu bei, dass verheiratete Patienten länger überleben, wenn sie einen Tumor haben.

Männer sind so verletzlich: Konflikte verkürzen die Lebenserwartung

Zsa Zsa Gabor hat schon früh erkannt, dass sich Konflikte mit dem Partner nicht lohnen. »Es hat keinen Sinn, mit den Männern zu streiten, sie haben ja doch immer Unrecht«, sagte die kapriziöse Schauspielerin, die achtmal verheiratet war. Aus medizinischer Sicht ist das eine weise Erkenntnis, denn Streit macht nicht nur hässlich und verbittert, sondern auch krank. Außerdem verkürzt chronischer Ärger in der Beziehung die Lebenserwartung – besonders die der Männer. Zu diesem Ergebnis kommen Ärztinnen aus Dänemark, die fast 10000 Erwachsene mittleren Alters untersucht haben. Sie rückten damit jene heikle Phase zwischen 35 und 50 in den Blickpunkt, in der die romantische Ekstase des Anfangs in vielen Beziehungen der Ödnis der Langstrecke weicht.

Von jenen Menschen, die sich »ständig« oder »sehr oft« hohen Ansprüchen ihrer Partner ausgesetzt sehen, sterben demnach doppelt so viele im Vergleich zu jenen, die sich kaum der quengelnden

Anforderungen ihrer Liebsten erwehren müssen. Häufiger Streit ist offenbar noch schlimmer. Ständige Konflikte verkürzen die Lebenserwartung sogar stärker als der Druck des stetigen Anspruchsdenkens – und zwar unabhängig davon, ob die Konflikte mit dem Partner, mit Freunden oder mit dem Nachbarn ausgetragen werden.

Männern gehen Ärger und Sorgen in der Beziehung besonders zu Herzen, und zwar im wörtlichen Sinne. Mit bis zu 315 zusätzlichen Todesfällen pro 100 000 Männer ist zu rechnen, weil der Druck der Partnerin den Herren auf Dauer zu viel wird und der Infarkt droht, so die Forscherinnen. Nervt die Herzdame ständig, geht ihm das zu Herzen. Ob dies der Hauptgrund dafür ist, dass in fast allen Ländern die Lebenserwartung von Frauen deutlich über jener der Männer liegt, muss indes noch geklärt werden. »Männer sind offenbar besonders verletzlich, wenn ihre Partnerin ihnen Ärger und Sorgen bereitet«, sagt die Leiterin der dänischen Studie, die Sozialmedizinerin Rikke Lund.

Sogar die Wundheilung ist beeinträchtigt, wenn es in der Partnerschaft Stress und Streit gibt. In einem originellen Versuch wurden Ehepaaren, die sich freiwillig gemeldet hatten, oberflächliche Wunden am Arm zugefügt. Dann sollten sie sich über ein heikles Thema ihrer Beziehung unterhalten. Wer besonders gereizt und aggressiv reagierte, bei dem bildete sich Schorf langsamer. Es dauerte viel länger, bis die Wunde verheilt war. Bei feindseligen Paaren stiegen die Konzentrationen des Stresshormons Cortisol stärker an, und auch andere Stresswerte im Blut blieben bei ihnen länger erhöht. Studienleiterin Janice Kiecolt-Glaser vermutet, dass die rasche Wirkung von Ärger und Aggression ein Beispiel dafür ist, wie negative Gefühle im Körper eine Kaskade von Reaktionen auslösen, die Krankheiten wahrscheinlicher machen und den Organismus schwächen. Manche Wunden in der Partnerschaft verheilen buchstäblich nur sehr langsam oder nie.

Konstruktiv zu streiten lässt Partner hingegen länger leben. Die Konflikte, die zwangsläufig einmal auftreten, werden idealtypisch so geführt: »Schatz, ich bin zwar ausnahmsweise anderer Meinung als du, aber ich verehre dich trotzdem und bette dich auf Rosen.« Wer den anderen hingegen immer wieder entwertet, beleidigt oder ihm gar ständig vorwirft, sich wie die eigene Mutter zu verhalten, der macht viel kaputt. Nicht nur für die Beziehung ist das zerstörerisch, sondern auch für die Gesundheit. Bei feindseligen Paaren gilt daher im doppelten Sinne, dass Verletzungen nicht so schnell heilen – und im Zweifel der Mann auf der Strecke bleibt.

Der kleine Unterschied: Wie Mann und Frau auf Stress reagieren

Wenn das Herz schwer wird, ist das zumeist keine Frage des Gewichts. Kummer, Ärger, Stress und andere emotionale Belastungen nagen dann am zentralen Pumporgan des Menschen. Der buchstäbliche Stich ins Herz kann eine gefühlte Folge der Bedrängnis sein, aber auch Herzrasen, Herzdrücken und Herzstolpern stellen sich manchmal ein. Japanische Forscher haben vor etwa 25 Jahren sogar eine Krankheit namens »Broken Heart Syndrome« beschrieben, das gebrochene Herz: Vor lauter Gram und innerer Not bekommen manche Menschen ähnliche Beschwerden wie bei einem Infarkt – obwohl das Herz physiologisch vollkommen intakt ist und sich nach Abklingen der Symptome kein Schaden mehr nachweisen lässt.

Zwar werden sowohl die Herzen von Männern als auch die von Frauen durch Stress und seelische Pein in Mitleidenschaft gezogen. Es gibt jedoch Unterschiede zwischen den Geschlechtern in der Art und Weise, wie das Organ reagiert. So haben Ärzte aus den USA gezeigt, dass bei gestressten Männern eher der Puls und der Blutdruck ansteigen, was mittelfristig einen Infarkt oder Schlaganfall begünstigen kann. Bei Frauen verringert sich unter seelischer Belastung hingegen besonders die Durchblutung des Herzmuskels. Zudem bilden sich bei Frauen unter psychischen Belastungen leichter Blutgerinnsel, was sich in einer verstärkten Neigung der Blutplättchen zeigt, zu verklumpen. Die Gefahr für Thrombosen und Embolien steigt also bei ihnen, wenn der Haussegen schief hängt.

Ärzte hatten in einer Untersuchung ungefähr 300 Erwachsene mehreren Stresstests unterzogen. So mussten sie komplexe Rechenaufgaben lösen, bewegte Spiegelschrift entziffern und sich an ärgerliche Situationen erinnern. Im Anschluss an diese mentalen Belastungen wurde auf dem Ergometer unter körperlicher Anstrengung die Herzfunktion untersucht. Die kardiovaskulären Einschränkungen, die Frauen als Folge von Stress erleiden, wirken sich womöglich stärker auf die Schwere und Prognose ihrer Herzleiden aus als andere Risikofaktoren, so eine Schlussfolgerung der Autoren. Schließlich kann eine Minderdurchblutung des Herzmuskels zur Herzschwäche führen, und die beobachtete Verdickung des Blutes verstärkt die Neigung zu Thrombosen und Embolien. »Da mentaler Stress Männer und Frauen auf unterschiedliche Weise beeinträchtigt, müssen wir überlegen, ob wir sie künftig bei Herzbeschwerden nicht auch unterschiedlich untersuchen und behandeln müssen«, sagt der Studienleiter.

Frauen zeigen unter Belastung mehr negative Emotionen als gestresste Männer. Sie sind häufiger traurig, angespannt und ängstlich, wenn sie sich in der Beziehung angestrengt oder gar überfordert fühlten. Männer fressen den Ärger eher in sich hinein. Dabei ist Stress nicht gleich Stress. Es kommt darauf an, wie er erlebt wird. Schon lange wissen Mediziner, dass negativ empfundener Stress (»Distress«) das Herz angreifen und schädigen kann, während Belastungen, die als angenehm empfunden werden (»Eustress«), sogar gesund sind, auch wenn sie anstrengen und beanspruchen. Gefordert zu sein, aber dabei zu spüren, dass man alles im Griff hat und einem die Aufgaben nicht über den Kopf wachsen, macht nicht krank. Gefährlich wird es erst, wenn die Kontrolle zu entgleiten droht und das Gefühl der Überforderung vorherrscht.

Eine große Untersuchung im Fachmagazin *Lancet* hat vor einigen Jahren deutlich gemacht, in welchem Ausmaß Stress, Angst und seelische Not nicht nur die Psyche, sondern auch den Körper schädigen: Demnach erhöhen chronische Unzufriedenheit und Belastungen in Beruf, Familie oder Partnerschaft das Risiko für einen Infarkt immerhin um den Faktor 2,67 – und damit fast so sehr wie der klassische Risikofaktor Rauchen (Faktor 2,87). Dieser erstaunliche Befund wird dadurch verstärkt, dass Stress das Infarktrisiko sogar noch merklicher in die Höhe treibt als Diabetes (Faktor

2,37) und Bluthochdruck (Faktor 1,91). Höchste Zeit, den Gefahren durch seelische Belastungen mehr Beachtung zu schenken.

Aber auch hier gibt es Unterschiede, was die konkreten Folgen psychischer Not für das Herz angeht: Schwedische Forscher haben ermittelt, dass Ängste und Phobien eher zu einer Rhythmusstörung führen. Depressionen erhöhen hingegen die Neigung zu verengten Kranzgefäßen, während Ärger und Frustration die Gefäßverkalkung fördern, was beides einen Infarkt begünstigen kann.

Immerhin gibt es Hoffnung aus der Psycho-Ecke, wenn das Herz einmal in Mitleidenschaft gezogen ist: Nach einem Bypass bleiben die Umleitungsgefäße am längsten bei jenen Menschen offen, die sich von ihrem Partner geschätzt, geliebt und unterstützt fühlen. In einer Untersuchung lebten 15 Jahre nach dem Eingriff noch zweieinhalbmal so viele Bypass-Patienten, die von einer glücklichen Beziehung mit ihrem Partner berichteten, im Vergleich zu jenen, bei denen es zu Hause nur Stress und Ärger gab – und die Gefäße bereits früher wieder dichtmachten.

Hört das denn nie auf: Spätes Eheleid gezielt vermeiden

Auch Streithähne werden alt. Miese Ehen finden sich leider in jedem Jahrgang. Und sie machen auch im Alter noch krank und unglücklich. Wer seine Partnerschaft als Qual empfindet, bekommt eher einen Herzinfarkt, Schlaganfall oder leidet an Bluthochdruck. Deshalb Obacht bei der Partnerwahl: Eine verkrachte Ehe schlägt nicht nur auf die Stimmung, sondern greift auf Dauer auch das Herz und andere Organe an und verkürzt damit das Leben. Zu diesem Ergebnis sind Soziologen von der Michigan State University gekommen. Sie konnten zeigen, wie sehr auch ältere Paare darunter leiden, wenn das Miteinander zur Qual geworden ist und Partner nur noch Verachtung füreinander übrighaben und der Kontakt hauptsächlich in Entwertungsritualen besteht.

Die Forscher hatten 1200 verheiratete Männer und Frauen im fortgeschrittenen Alter zwischen 57 und 85 Jahren untersucht und danach gefragt, wie sie ihre Ehe einschätzen. Zudem wurden Krankhei-

ten wie Herzinfarkt, Schlaganfall und Bluthochdruck dokumentiert sowie das C-reaktive Protein im Blut erfasst, das bei entzündlichen Vorgängen im Körper ansteigt. Die Ergebnisse waren beunruhigend: Demnach schädigt eine schlechte Ehe mit ständigen Mäkeleien und überhöhten Ansprüchen die Gesundheit stärker, als eine gute, unterstützende Ehe dem Befinden überhaupt nutzen kann.
Mit zunehmendem Alter nehmen die negativen Folgen einer unbefriedigenden Ehe sogar noch zu: Der chronische Stress und Ärger führen zu einem Anstieg der Entzündungswerte im Blut; Infarkt und Schlaganfall treten ebenfalls häufiger auf und der Blutdruck klettert nach oben. Da mit dem Alter die seelischen wie körperlichen Reparaturmöglichkeiten schwinden, kann sich der Organismus nicht mehr so gut gegen die ständigen Anfeindungen zur Wehr setzen und das Risiko für Herzleiden und andere Krankheiten steigt. Die chronischen Probleme in der Partnerschaft werden also buchstäblich verinnerlicht und sind deshalb auf Dauer auch körperlich schwer zu ertragen.
»Bei der Paartherapie und in der Eheberatung sind zumeist nur jüngere Paare zu finden«, sagt die Stu-

dienleiterin. »Aber die Qualität einer Ehe ist auch später noch von großer Bedeutung, sogar wenn die Paare schon seit 40 oder 50 Jahren verheiratet sind.« Frühere Untersuchungen haben gezeigt, dass Verständnis und Unterstützung die Bindung und das Harmoniegefühl stärken. Viele chronische Paare bleiben aber auch dann zusammen, wenn sie in stetigem Ärger voneinander genervt sind und regelmäßig zweifeln – oder sogar aneinander verzweifeln. Die Ehe mag das zwar erhalten, gesund ist diese pathologische Ausdauer allerdings irgendwann nicht mehr.

Warum Ehen immer noch Bestand haben: Wer zusammenbleibt

Ernüchternde Wahrheiten: Um Glück geht es meistens nicht

Obwohl es so beglückend (und nebenbei: sehr gesund) sein kann, sind viele Menschen überfordert, im ersten Überschwang der Hormonwallungen auch noch den richtigen Partner zu finden. Noch schwieriger scheint es zu sein, einen anderen Menschen nicht nur an sich zu binden, sondern auch lange mit ihm zusammen zu bleiben. Es gelingt oftmals nicht, diejenigen zu identifizieren, die nicht nur aktuell zum leidenschaftlichen Geliebten taugen, sondern auch gute Eltern und verlässliche Partner abgeben. Manchmal schließt sich das geradezu aus – wer auf den ersten Blick (und für die erste Nacht) attraktiv erscheint, ist oft für die Langstrecke nicht geeignet und macht sich wieder aus dem Staub, sobald der Müll runtergebracht werden muss.

Ein guter Test darauf, ob eine Bindung zwischen Mann und Frau haltbar ist, erfolgt unbewusst bereits in den ersten Momenten der Kontaktanbahnung: In Millisekunden wird erfasst, ob das Gegenüber überhaupt grundsätzlich sympathisch ist. Mindestens so wichtig ist der nächste Schritt: Wer sich nahekommen will, muss einander riechen können. Das klingt zwar banal, ist aber entscheidend, denn wer sich gerne riechen mag, der bleibt auch länger zusammen.

Evolutionär ist dieses Auswahlkriterium ziemlich sinnvoll, denn ein als attraktiv empfundener Geruch weist darauf hin, dass sich das Immunsystem des potenziellen Partners deutlich vom eigenen unterscheidet. Dies bedeutet schließlich, dass sich die genetischen Anlagen für die Abwehrsysteme der beiden Partner in ihren Nachkommen optimal mischen und diese in der Folge widerstandsfähiger gegen diverse Keime wären. Die Kinder sind dann weniger anfällig und werden nicht so oft krank. Das ist erfreulich für die Eltern – und erhält nebenbei die Art.

Doch auch die richtige Duftnote garantiert keine stabilen Verhältnisse. Wissenschaftler haben daher untersucht, welches die Zutaten für haltbare Ehen sind, und schnell festgestellt: Um Glück geht es eher nicht, soll das durchschnittliche Haltbarkeitsdatum von 15 Jahren überschritten werden. Himmelhochjauchzende Begeisterung ist sogar so ziemlich das Letzte, was stabile Langzeitbeziehungen kennzeichnet – sondern eher: wenig Sex, chronische Unzufriedenheit und unsichere Partner. Was sonst noch hilft, steht auch nicht unbedingt in den Fibeln für Beziehungsanfänger: die richtige Größe. Und für Männer gilt: öfter mal die Klappe halten.

Was Paare zusammenhält: Von Zweifeln, Angst und der richtigen Größe

Wer silberne oder gar goldene Hochzeit feiern will, sollte sich einen unsicheren Partner zulegen. Einen, der zögert und zweifelt. Einen, der ungern Entscheidungen trifft. Das ist übrigens gar nicht so selten, mehr als die Hälfte aller Menschen in Beziehungen bezeichnen sich als zweifelnd, ängstlich oder ambivalent. Die Angst davor, den anderen zu verlassen, ist deshalb so groß und die Zerrissenheit zwischen den verschiedenen Möglichkeiten so quälend, dass eine Trennung gar nicht infrage kommt.

Schlimmer als der bekannte Horror zu Hause ist für unsichere Menschen die Angst vor einer neuen, unbekannten Situation. Ein unsicherer Mann und eine sichere Frau – das ist ein ziemlich haltbares Paket.

Wer lange mit seinem Partner zusammenbleiben will, sollte außerdem groß sein. Zumindest für Männer ist diese Äußerlichkeit einigermaßen hilfreich, denn entgegen anderslautenden Gerüchten: Größe zählt für Frauen eben doch. Groß gewachsene Männer haben bessere Chancen bei Frauen. Das zeigt die Statistik eindrucksvoll: So sind kinderlose Männer im Durchschnitt deutlich kleiner als jene Männer, die Vater geworden sind. Auch unter Junggesellen finden sich überdurchschnittlich viele Männer von geringem Körperwuchs.

Große Männer jenseits der 1,90 Meter zweifeln außerdem weniger an der Treue ihrer Partnerinnen. Sie wissen schließlich, dass sie beste Erfolgsaussichten bei Frauen haben und sich deshalb nicht sorgen müssen, plötzlich allein dazustehen. Große Männer gehen deswegen entspannter mit dem Gedanken an mögliche Rivalen um und sind weniger eifersüchtig. Sie haben eben Größe. Aus

dieser Großzügigkeit heraus halten die Beziehungen großer Männer meist auch länger. Sie zermürben sich und ihre Partnerin nicht mit dem quälenden Gift des Misstrauens.
Für Frauen gibt es ebenfalls eine optimale Größe – sie liegt zwischen 1,68 und 1,76 Metern. Frauen mit dieser Körperlänge haben, wenn sie es denn wollen, am schnellsten einen Partner und am ehesten Kinder. Aus diesem sicheren Gefühl heraus gehen sie in Beziehungen entspannter mit Zweifeln und Eifersucht um, was wiederum die Partnerschaft haltbarer macht.
Wissenschaftlich ist auch ein anderer, ziemlich ernüchternder Zusammenhang recht gut belegt: Sofern nicht jedes Interesse füreinander erloschen ist, können seltenere Intimkontakte in einer Langzeitehe darauf hindeuten, dass sich beide Partner sicher und geborgen fühlen. Sie bedürfen keiner ständigen Liebesbeweise durch häufigen Sex. Sie müssen nicht befürchten, dass einer die Beziehung verlassen wird. Und sie setzen sich nicht unter Druck nach dem Motto: Hast du mich noch lieb? Dann geh mit mir ins Bett.
Wer hingegen ständig miteinander ins Bett will,

setzt die Partnerschaft eher aufs Spiel. Denn das fordernde Verhalten spricht dafür, in emotionale Konflikte verstrickt oder chronisch unsicher zu sein, ob die Beziehung noch hält. Der permanente Wunsch nach Bestätigung kann jede Ehe zermürben. Zugespitzt heißt das leider: Dauerhafte Sicherheit in der Partnerschaft und häufiger, guter Sex schließen sich nahezu aus. Reden Paare von einer »neuen Phase der Partnerschaft« oder erklären, dass Sex »sowieso überschätzt« sei, ist schon klar, was gemeint ist: Sie sind in einem besonders tragfähigen Stadium ihrer Langzeitbeziehung angekommen – oder stehen kurz vor der Trennung.

Den Mechanismus dahinter kennt die Wissenschaft als Coolidge-Effekt: Bei chronischen Paaren ist das körperliche Interesse aneinander schon nach vier Jahren weitgehend erloschen. Von wegen verflixtes siebtes Jahr – das vierte gilt es zu überstehen! Sexuelle Gewöhnung führt dazu, dass die körpereigene Euphoriedroge Dopamin und das Liebeshormon Oxytocin nur noch spärlich aus den Nervenzellen im Gehirn abgegeben werden. Diese hormonelle Talfahrt ist auch der Grund dafür, dass sexuell immer weniger los ist: Die Lust aufeinander schläft ein. Oder sie richtet sich auf andere Objekte der Begierde. Da hilft nur, sich immer wieder neu in den eigenen Partner zu verlieben.

Spätestens jetzt ist es an der Zeit, eine Frage zu klären, die sich nicht klären lässt: Was heißt zu wenig Sex? In Umfragen, die allerdings oft von Kondomherstellern veranstaltet werden, geben die Deutschen an, dass sie zweimal in der Woche Sex haben. Das ist schwer zu glauben, wenn man sich manche Paare ansieht – und andere Statistiken sprechen ebenfalls dagegen. Mit zunehmendem Alter und in langjährigen Beziehungen kann viel Sex schon bedeuten, dass die Partner zweimal im Monat miteinander intim werden. Wie bei allem, was aus Lust und Neigung geschieht, gibt es auch hier kein verbindliches Maß. Schwierig wird es nur, wenn Vorstellungen und Wünsche stark voneinander abweichen und einer oder beide daran leiden, dass es ihnen zu viel oder zu wenig ist.

Ohne Kalkül: Liebesschulden vermeiden und Beziehungskredite tilgen

Es ist der Klassiker nach einer Trennung: Sie beschwert sich bitterlich, dass sie sich – für ihn! – jahrelang um die Kinder gekümmert, den Haushalt geschmissen und dafür auch noch ihre Karriere geopfert hat. Und jetzt verlässt er sie einfach so, der Schuft. Das ist doch nicht fair! Oder andersherum: Er schenkt ihr ständig teuren Schmuck und überschüttet sie mit anderen wertvollen Präsenten – aber sie will sich trotzdem kein bisschen erkenntlich zeigen und hat immer noch wenig Lust auf Sex. Je mehr er auffährt, desto abweisender zeigt sie sich. Sie will sich doch nicht kaufen lassen!

Die Geschlechterrollen können auch andersherum besetzt sein, es kommt auf das Prinzip an: Allzu oft verwechseln Paare in ihren Beziehungen, was sie dem anderen als echtes Geschenk zueignen und was sie eher als Investition betrachten, die ihnen zum »Anrecht« auf eine Gegengabe verhilft. Letzteres ist alles andere als ein Geschenk, manchmal müsste man besser von Erpressung sprechen. Die Beziehung wird dann wie eine Tauschbörse oder ein Aktiendepot gesehen. Es geht darum, Risiken zu berechnen, sich nicht zu hoch zu verschulden und rechtzeitig den Moment zu erkennen, wann man sich davon verabschieden sollte. Vielleicht weil sich der Gewinn nicht mehr steigern lässt, weitere Investitionen nicht mehr lohnen – oder weil ein Kursverlust oder gar der Absturz unausweichlich erscheinen.

Längst unterliegt auch die Liebe solchen ökonomischen Erwägungen und Strategien; die Soziologin Eva Illouz hat das anschaulich beschrieben. Schließlich stehen wir alle unter dem Druck, ständig an unserer Beziehung arbeiten zu müssen, sie zu bereichern, etwas dafür zu tun – und im Gegenzug etwas bekommen zu wollen. Diese Begriffe aus dem Feld der Wertsteigerung sind verräterisch und zeigen, wie Marktmechanismen auch die Partnerschaft bestimmen.

Der Unterschied zwischen Geschenk und Investition ist wesentlich: Ein Geschenk wird ohne Ansprüche gemacht, aus freien Stücken und von ganzem Herzen – weil man den anderen liebt und eine

Freude daran hat, dass dem Partner gefällt, was man ihm zugedacht hat. Es wird ohne Berechnung gegeben und ohne Hintergedanken. Bei einer Investition erwartet man hingegen, dass sie sich auszahlt. Die Rendite muss keineswegs immer materiell sein. Sie kann auch darin bestehen, vom Gegenüber mehr Aufmerksamkeit zu bekommen, mehr Zärtlichkeit oder schlicht mehr Zeit.
Für langjährige Partnerschaften ist es heikel, wenn Geschenke gemacht werden, die eigentlich als Investitionen gemeint sind. Die Enttäuschung ist programmiert, wenn derjenige, der sich verausgabt, immer darauf wartet, endlich die erwartete Gegenleistung zu erhalten. Die latente Erpressung des Gebenden setzt den Nehmenden unter Druck. Es ist nicht leicht, die verschiedenen Formen der Gabe zu unterscheiden, aber es lohnt sich allemal, um Missverständnisse und Ärger zu vermeiden und Enttäuschungen vorzubeugen.
Manche Paartherapeuten empfehlen sogar, unterschiedliche Währungen für die Finanzen in der Beziehung einzuführen und sich bewusst zu machen, was Geld oder Geschenke mit der Beziehung machen. Man kann das, was man zahlt, beispielswei-

se in kühles, warmes und heißes Geld aufteilen: Unter kühlem Geld werden dann in Partnerschaften Abmachungen verstanden, wie man sie von einem Tauschgeschäft oder unter Geschäftspartnern kennt.
Warmes Geld sind demgegenüber Kosten, die für freundschaftliche Unternehmungen wie Ausflüge, Restaurantbesuche oder den gemeinsamen Urlaub anfallen. Wichtig hierbei ist es, nicht aufzurechnen, falls einer von beiden mehr bezahlt. Vielmehr sollte das selbstverständlich sein, wenn einer von beiden mehr verdient.
Heißes Geld ist hingegen das geschenkte Geld, das aus reiner Liebe gegeben wird. Dieses Geschenk ist absichtslos – oder allenfalls mit der Intention verbunden, dem anderen eine Freude zu machen.

Wo bleibt die Zärtlichkeit: Was Sex und Nähe vermögen

Immer wieder Streicheleinheiten verteilen: Fasst einander an

In Deutschland reicht man sich die Hand – oder man geht miteinander ins Bett. Wenn man diesem Bonmot glauben mag, gibt es zwischen diesen beiden Extremen nicht viele Berührungen. Dabei sehnen sich so viele Menschen danach, angefasst zu werden. In Erhebungen geben regelmäßig die Hälfte der Befragten an, dass sie gerne häufiger berührt werden würden. Dieser Mangel ist erstaunlicherweise auch festen Partnerschaften nicht fremd. Zwei Menschen sind zwar zusammen, aber sie streicheln, liebkosen und berühren sich trotzdem nur recht selten. Besonders der unverfängliche Körperkontakt fehlt. Wer nimmt sich nach vielen gemeinsamen Jahren noch immer wieder in den Arm? Manchmal sind beide gemeinsam einsam. Dies gilt speziell in chronischen Beziehungen. Die flüchtige Berührung, der dahingehauchte Kuss, die kurze Umarmung kommen zu kurz, wenn die

Partnerschaft nicht mehr ganz taufrisch ist. Man kennt das: Bei manchen Paaren käme man als Beobachter gar nicht auf die Idee, dass die beiden zusammen sind. Andere hingegen halten auch nach Jahren noch verliebt Händchen, turteln und schnäbeln und nehmen sich immer wieder in den Arm. Wie machen die das nur?

Dabei ist es körperlich wie seelisch wohltuend und akut wie langfristig gut für die Gesundheit, sich gegenseitig häufig zu umarmen, einen Kuss auf die Wange zu hauchen, auf den Unterarm zu fassen, die Hand auf die Schulter gelegt zu bekommen oder einfach nur im Vorbeigehen den anderen zu berühren. Wohlgemerkt: Dabei geht es nicht um Erotik und erst recht nicht um Sex – vielmehr steht der Gleichklang der Körper im Vordergrund, ein kurzes Zeichen der Vertrautheit, ohne dass mehr daraus entstehen muss. Manche Menschen vermeiden gerade deswegen die flüchtige Berührung, weil sie beim Partner keine Erwartungen wecken und nicht Hoffnung auf »mehr« machen wollen.

Wird man von einem geliebten Menschen berührt, ist das zugleich aufbauend, tröstend und stärkt das gegenseitige Verständnis. Deswegen haben Paare, die sich oft in alltäglichen Situationen anfassen, auch einen viel stabileren Eindruck von ihrer Partnerschaft. Sie sehen die Beziehung als gefestigt und dauerhaft an, sind voller Zuversicht und würden die Idee weit von sich weisen, dass sie sich einmal trennen könnten. Der Mensch ist ein soziales Wesen, geradezu ein Bindungsmonster, und stark davon abhängig, etwas im anderen auszulösen und beim Gegenüber Resonanz zu erzeugen. Dazu sind gegenseitige Berührungen ideal geeignet. Dabei vergewissert man sich ohne Worte der Nähe, zeigt, dass man füreinander da ist und buchstäblich Halt im anderen findet. Berührung ist die erste Sprache, wissen Säuglingsforscher. Wieso sollte sie nicht auch später die wichtigste und vielleicht sogar die letzte sein?

Dies gilt sogar für Menschen, die einander einigermaßen fremd sind: Wird man von der Bedienung im Restaurant freundlich und nebenbei auf die Schulter oder den Arm gefasst, fällt das Trinkgeld gleich höher aus. Man fühlt sich als Gast aufgehoben und verstanden, ohne dass viele Worte dazu nötig sind. Unser Körper ist biopsychologisch auf

angenehme Berührungen ausgelegt: Wenn wir etwas Warmes, Weiches oder Flauschiges anfassen, sind wir sogleich milder gestimmt und reagieren warmherziger, freundlicher und zugewandter auf andere. Berühren wir kalte, eckige oder kantige Gegenstände, werden wir hingegen schroff und reagieren schnell übellaunig.
Dazu passen die erstaunlichen Erkenntnisse, was es alles bewirken kann, wenn man miteinander Händchen hält. Hand in Hand wirken sogar Wege auf einen Berggipfel weniger steil. Ist man hingegen allein, scheint der Anstieg heftiger und anstrengender zu sein. Das gilt übrigens nicht nur für Liebespaare, sondern auch für Freunde. Wer Hand in Hand geht, fühlt sich weniger ängstlich und bedroht. Das Gefühl der Anspannung sinkt und Sorgen drücken weniger aufs Gemüt. Kein Wunder, dass sich unter diesen Umständen sogar die Schmerzschwelle verändert. Schmerzen werden weniger intensiv wahrgenommen, wenn der andere währenddessen unsere Hand nimmt. Eltern wissen im Krankenhaus oder beim Zahnarzt intuitiv um diese Wirkung, wenn sie ihrem Kind die Hand halten.

Auch Frauen wissen das wohl intuitiv. Wenn sie vor einer belastenden Situation die Möglichkeit haben, mit ihrem Partner allein sein zu können, wünschen sie sich, dass er ihnen den Nacken massiert – und die Klappe hält. Männer wollen hingegen, dass ihre Partnerin ihnen gut zuredet und sie anfeuert, nach dem Motto: Du schaffst es, du bist der Beste!

Diese beruhigenden und stärkenden Auswirkungen freundlicher Berührung hinterlassen Spuren im Körper und lassen sich erfassen und messen. Der Pulsschlag sinkt und der Blutdruck lässt nach, wenn man immer wieder von einem Menschen angefasst wird, der es gut mit einem meint. Der Muskeltonus ist ebenfalls geringer, wodurch die Anspannung abnimmt und weniger Stresshormone ausgeschüttet werden. Blutgefäße bleiben elastischer und verhärten und verengen sich nicht so schnell. Herzinfarkt und Schlaganfall werden auf diese Weise unwahrscheinlicher. Gegenseitige Berührung stärkt zudem die Abwehrkräfte, sodass Infektionen weniger häufig auftreten. Welches andere Heilmittel könnte solche vielfältigen Wirkungen auslösen?

Großzügig zärtlich sein: Kuss mit Bonus

Nicht erschrecken: Bei einem intensiven Kuss werden mindestens 80 Millionen Keime ausgetauscht. Ein Problem? Nicht wirklich, ganz im Gegenteil. Küsse tun dem Körper gut – solange sie nicht auf dem Ohr landen, denn dort können sie tatsächlich ein Knalltrauma auslösen. Aber ganz abgesehen davon gibt es keinen Grund, vor Küssen zurückzuschrecken oder sich vor Ansteckung zu fürchten.

Von Sigmund Freud stammt eine hübsche Beobachtung über das seltsame Wechselspiel von Intimität und Ekel: Partner, die sich leidenschaftlich auf den Mund küssen, werden wenig später wohl davor zurückschrecken, die Zahnbürste des anderen zu benutzen. Um die Freude am Küssen zu behalten, hilft es vielleicht, gar nicht so genau zu wissen, was da kreucht und fleucht, wenn man sich nahekommt. Empfindlichen Naturen könnte es ja zusetzen, dass Abermillionen Bakterien bei einem leidenschaftlichen Kuss ausgetauscht werden. Forscher haben diese Volkszählung in der Mund-

höhle immer wieder unternommen. Sie haben dazu Paare gebeten, sich mindestens zehn Sekunden lang innig zu küssen und dabei »vollen Zungenkontakt« und »intensiven Speichelaustausch« zu pflegen. Anschließend wurde die Mischung der Bakterien im Speichel der Paare gemessen. Außerdem sollten die Teilnehmer Zärtlichkeiten im Alltag in einer Art »Kuss-Tagebuch« dokumentieren. Eine schöne Idee!
Insgesamt bevölkern insgesamt etwa 100 Billionen Mikroorganismen den menschlichen Körper – im Vergleich zu dieser Zahl erscheint die Menge des bakteriellen Austauschs während des Küssens doch relativ überschaubar. Falls die Paare sich neunmal oder noch häufiger am Tag küssen, gleicht sich die Keimzusammensetzung im Mund an, so ein weiteres Ergebnis der Forscher. Man wird sich ähnlicher. Auch im Kleinen.
Sorgen um ihre Gesundheit müssen sich küssende Paare deswegen nicht machen, im Gegenteil. Wer nach getaner Arbeit von einem liebenden Partner mit einem Kuss zu Hause empfangen wird, schont Herz und Blutdruck und tut langfristig etwas für seine Gefäße. Untersuchungen haben gezeigt, dass

Küssen nicht nur die Laune und das Befinden verbessert, sondern auch das Immunsystem stärkt. Denn beim Küssen wird es angeregt, sich mit den Keimen des anderen auseinanderzusetzen. Diverse schützende Eiweißstoffe, die das Abwehrsystem unterstützen, sind bei Menschen, die viel küssen, sogar in höherer Konzentration vorhanden. Und da nur die wenigsten der ausgetauschten Keime gefährliche Krankheitserreger sind, wird das Immunsystem beim Küssen auch nicht überfordert, sondern trainiert.
Zudem ist innige Verliebtheit mit intensiven Küssen nicht nur ein Feuerwerk für die Sinne, sondern Liebe tut dem ganzen Organismus gut und ist daher ärztlicherseits unbedingt zu empfehlen. Der Kreislauf kommt in Schwung, die Wahrnehmung ist geschärft, und Glücksgefühle der Begeisterung führen dazu, dass mehr Abwehrzellen und andere den Organismus stärkende Botenstoffe freigesetzt werden. Gleichzeitig sinkt der Pegel von Stresshormonen wie Cortisol oder Adrenalin. Sogar Blutfette wie Cholesterin sind bei Menschen, die sich oft und leidenschaftlich küssen, in niedrigeren Konzentrationen zu finden.

HNO-Ärzte warnen allerdings vor einer gefährlichen Nebenwirkung – dem ebenso unbedachten wie lauten Kuss aufs Ohr. Dabei kann schon mal eine Lautstärke von bis zu 130 Dezibel erreicht werden. Das entspricht der Lärmbelastung durch ein Düsenflugzeug aus der Nähe oder einer Vuvuzela-Tröte beim Fußballspiel.

Einmaliger Sex: Die Formel für ultimative Glücksgefühle

In dem legendären Fragebogen des längst verblichenen *FAZ*-Magazins fanden sich viele ulkige Fragen, darunter auch diese hier: »Welche militärische Leistung bewundern Sie am meisten?« Der ehemalige Chefredakteur einer Satirezeitschrift, dem die Frage vorgelegt wurde, gab daraufhin die entwaffnende Antwort: »Dass meine Eltern meinetwegen Sex haben mussten.«

Wahrscheinlich können (und wollen!) sich viele Kinder nicht vorstellen, dass ihre Eltern immer mal wieder miteinander intim werden, wo sie sich doch sonst den ganzen Tag über angiften. Tatsächlich spricht aus der originellen Antwort auf den Fragebogen jedoch nur die traurige Erkenntnis, dass bei vielen altgedienten Paaren das Liebesleben ziemlich auf den Hund gekommen ist. Erotik und Leidenschaft sind mit den Jahren eingeschlafen – und wenn da überhaupt noch etwas glimmt, dann wird der »Akt« zumeist eher routiniert vollzogen.

Glaubt man dem Schriftsteller John Updike, verhält es sich mit dem Sex wie mit dem Geld: Erst zu viel davon ist wirklich genug. Zu dieser steilen These des Autors passt die Geschichte jener Ehepartner, die sich laut *New York Times* vor wenigen Jahren einen Neuanfang ihrer ausgelaugten Ehe wünschten und deshalb beschlossen, ein Jahr lang jeden Tag Sex zu haben. Entsprechende Versuche sind inzwischen in beträchtlicher Zahl gestartet und dokumentiert worden. Eine Bloggerin hat aus der täglichen Übung immerhin »gelernt«, sich selbst besser anzunehmen – was die These bestätigt, dass Sex oft als Liebesbeweis herhalten muss.

Die Wissenschaft begegnet solch praxisnahen Ansätzen naturgemäß mit Skepsis. Psychologen und

Paarforscher behaupten immer wieder, dass – von einer gewissen Schwelle an – mehr Sex nicht automatisch glücklicher macht. Paare, die einmal pro Woche Sex haben, sind demnach am zufriedensten. Wenn damit das Optimum erreicht ist, warum dann die Frequenz erhöhen?
Laut einer Statistik der eminenten psychologischen Fachzeitschrift *Cosmopolitan* haben dennoch 4,8 Prozent der Deutschen täglich Sex, wohingegen unter Schweizern und Österreichern sogar mehr als acht Prozent der Erwachsenen auf diese Quote kommen. In Brasilien haben angeblich sogar 22 Prozent der Erwachsenen täglich Sex, wobei unklar bleibt, auf welcher Datenbasis – oder vielleicht doch auf den Fantasien der Redaktion? – diese Zahlen beruhen.
Erst kürzlich haben Wissenschaftler Umfragen unter mehr als 30 000 US-Bürgern aus den vergangenen vier Jahrzehnten ausgewertet. »Häufigerer Sex geht zwar mit einem größeren Glücksempfinden einher«, sagt die Psychologin Amy Muise, die an der Untersuchung beteiligt war, »aber dieser Zusammenhang gilt eben nur bis zu einer Häufigkeit von einmal in der Woche.« Jene Paare, die öf-

ter miteinander intim werden, fühlen sich deshalb auch nicht besser. Daten für Singles wurden nicht erhoben.

Populären Vorurteilen zufolge ist das Bedürfnis nach Sex bei Männern ausgeprägter als bei Frauen und lässt bei beiden Geschlechtern mit zunehmendem Alter nach. In wissenschaftlichen Studien sind bisher allerdings kaum Beweise für diese Stereotype zu finden. »Wir sehen ähnliche Ergebnisse für das Begehren von Männern wie Frauen, für jüngere wie für ältere Menschen und für Paare, die vor Kurzem geheiratet haben, wie für solche, die schon seit Jahrzehnten zusammen sind«, sagt Muise.

In Deutschland ist einschlägigen Erhebungen zu entnehmen, dass die Germanen zwischen 90- und 140-mal im Jahr Sex haben. Diese Zahlen sind jedoch nur bedingt glaubwürdig, da die Datenbasis oft dünn ist oder auf anonymen Befragungen im Internet beruht, die vermehrt von jungen und paarungswilligen Teilnehmern beantwortet werden, die zudem gerne übertreiben.

Auch wenn seriöse Analysen ergeben, dass die Menschen insgesamt zufriedener sind, wenn sie häufiger Sex haben, sollten sich Paare davon nicht unter Druck setzen lassen und zwanghaft ihre Beischlaffrequenz erhöhen oder senken, um den Durchschnitt von einmal pro Woche zu erfüllen. »Es ist allerdings schon zu empfehlen, dass Partner sich darüber austauschen, ob ihre Bedürfnisse erfüllt werden und ob sie Mangel leiden oder sich gedrängt fühlen«, sagt Muise. Dass mehr Sex nicht automatisch glücklicher macht, sondern auch zu viel des Guten sein kann, hat sich erst kürzlich gezeigt: Im Interesse der Forschung verdoppelten Paare, die einmal pro Woche miteinander schliefen, ihre Sexfrequenz – und waren hinterher auch nicht zufriedener.

Den Glauben daran, dass mehr Geld ebenso glücklicher macht wie mehr Sex, können Forscher ebenfalls entkräften. Paare, die seltener als einmal im Monat Sex haben (statt einmal in der Woche), sind weitaus unzufriedener als jene, die zwar wöchentlich miteinander schlafen, aber deutlich weniger verdienen. Ist das Überleben gesichert, wird guter Sex offenbar wichtiger als gutes Geld. Anders als John Updike vermutet, bedeutet immer mehr eben nicht immer besser – und für Sex wie für Geld gilt: Erst zu wenig von beidem ist richtig blöd.

Also doch: Häufige Intimitäten verbessern die Partnerschaft

Sex wird eindeutig überschätzt. Das wissen langjährige Paare zumeist aus eigener Erfahrung, denn nach der Leidenschaft in den ersten Monaten einer Beziehung verliert der Partner immer mehr an Anziehungskraft. Dass häufiger Sex »irgendwie« doch dazu beiträgt, die Partnerschaft zu stabilisieren, stimmt allerdings auch. »Irgendwie« bedeutet, dass Sex Partner stärker aneinanderbindet, als sie vielleicht zugeben mögen – vom Bauchgefühl her empfinden sie das jedenfalls eindeutig so, während sie Sex in Befragungen keine so wichtige Rolle beimessen. »Ob sie in ihrer Beziehung glücklich sind oder nicht, darauf hat die Häufigkeit, mit der Paare Sex haben, in direkten Erhebungen keinen Einfluss«, sagt die Psychologin Lindsey Hicks von der Florida State University. »Die Frequenz wirkt sich allerdings schon auf die intuitive Wahr-

nehmung des Partners aus.« Das, was sie über ihre Beziehung sagen, und das, was sie fühlen, unterscheidet sich offenbar.
Der Unterschied zwischen expliziter und intuitiver Einschätzung ist wichtig, denn das Bauchgefühl ist entscheidend dafür, ob die Beziehung als befriedigend empfunden wird und eine gute Prognose hat. Um die geäußerte und die gefühlte Wahrnehmung des Partners voneinander abzugrenzen, fragten Wissenschaftler mehr als 200 Frischvermählte, wie sie ihre Beziehung einschätzten und ob die Sexfrequenz etwas mit der Qualität ihrer Partnerschaft zu tun habe.
Mehr Sex führte der Befragung zufolge nicht dazu, dass die Partner glücklicher waren. Das Bauchgefühl verriet hingegen etwas anderes. Dies erfassten die Forscher, indem sie den Probanden für 300 Millisekunden ein Bild des Partners und dann ein Wort zeigten, das als positiv oder negativ klassifiziert werden sollte. Je schneller die Reaktion, desto enger die Assoziation mit dem Partner. Wer also sofort auf die Taste »positiv« drückt, wenn das Wort »wunderbar« mit dem Bild des Partners erscheint, der fühlt sich in der Beziehung wohl.

Das bedeutet umgekehrt auch, dass eine längere Reaktionszeit nach einem negativen Wort wie »unehrlich« darauf schließen lässt, dass sich die Partner schätzen und vertrauen.
Im konkreten Fall brachten die Paare einander häufiger mit positiven Attributen in Verbindung, wenn sie öfter Sex hatten. Das spricht dafür, dass sie zufriedener waren, wenn sie häufiger mit dem Partner ins Bett gingen. »Wir müssen genau hinschauen, was wir in Untersuchungen erfassen, denn die explizite und die gefühlte Bewertung der Beziehung unterscheiden sich oft voneinander«, sagt Hicks. »Tief in ihrem Inneren sind manche Menschen total unzufrieden mit ihrem Partner, gestehen uns das aber nicht ein – und vielleicht nicht mal sich selbst.« Das Bauchgefühl ist ein guter Ratgeber dafür, was einem in der Beziehung guttut – und wie oft.

Affären, Flirts und Liebeleien: Treue kann vieles bedeuten

Eine offene Zweierbeziehung – das hört sich für manche Menschen gut an. Allerdings droht Durchzug, wenn beide zu allen Seiten offen sind. Und für viele Paare ist es schlicht nicht vorstellbar, andere Menschen als den Partner zur oder zum Geliebten zu haben, sei es aus religiösen, moralischen oder weltanschaulichen Gründen. Ein Blick ins Tierreich, auf die kurze Geschichte der Menschheit und in Frauenzeitschriften lässt zwar starke Zweifel daran aufkommen, dass der Mensch zur Monogamie in der Lage ist. Trotzdem halten viele Paare an dem Ideal der Treue fest und geloben, auf immer nur füreinander da zu sein.

Diese Gelübde halten zuverlässig – bis zur ersten Affäre. Allerdings bedeutet Untreue für Männer und Frauen etwas Unterschiedliches. Für Frauen fängt Untreue im Kopf an, für Männer zumeist unter der Gürtellinie. Sie ist besonders dann eifersüchtig und empört, wenn er von einer anderen schwärmt und immer wieder an »die Andere«

denkt. Mit dem Kopf in fremden Betten, das geht gar nicht. Er regt sich hingegen zumeist erst auf, wenn es tatsächlich handgreiflich wird. Zwischen emotionaler und sexueller Untreue zu unterscheiden, kann hilfreich sein, um für sich zu erkennen, vor welcher Art von Betrug man sich in der Beziehung am meisten fürchtet.

Ob ein Mensch zur Untreue neigt, lässt sich zwar selten auf den ersten Blick erkennen. Allerdings liegt bei einer narzisstischen Persönlichkeit, die immer nach Bestätigung sucht und schnell gekränkt ist, die Vermutung nahe, dass Affären drohen. Machen sich in der Beziehung große Unterschiede in den Bedürfnissen bemerkbar, ist die Wahrscheinlichkeit für einen Seitensprung naturgemäß auch größer. Wer emotional oder körperlich knapp gehalten wird, ohne dass es Aussicht auf Veränderung gibt, ist ebenfalls anfällig für Angebote von außen.

Wie man mit einer Affäre am besten umgeht, ist nicht einheitlich zu beantworten. Unbedingt davon erzählen oder auf ewig für sich behalten? Das kommt in erster Linie auf die Vereinbarungen an, die man als Paar zuvor getroffen hat. Wer stets betont hat, dass er es »gar nicht wissen will, wenn es nicht wichtig war«, der muss es auch nicht wissen – wenn es nicht wichtig war. Hat man sich hingegen geschworen, sich unbedingt und immer alles anzuvertrauen, dann ist es nur folgerichtig, auch von einer Episode zu erzählen, die man selbst fast schon wieder vergessen hatte, als man nüchtern war.

Manchmal ist es noch komplizierter: Schließlich kann Untreue gegenüber dem Partner ja auch Treue zu sich selbst bedeuten. Und umgekehrt würde Treue in der Beziehung dann auch heißen, dass man sich selber untreu wird. Sogar die gegenseitige Verpflichtung zur Wahrheit, was immer das in solchen Fällen sein mag, kann andere Gründe haben, als dem Partner »alles« offenzulegen und sich als glaubwürdig und ehrlich zu erweisen. Manchmal berichten Menschen nur von ihrer Untreue, um den anderen zu verletzen und zu kränken. Solche Kränkungen können krankmachen.

Für die vielen Aggregatzustände zwischen Liebesschwüren und Liebesverrat mag gelten, dass es tatsächlich auf die Bedeutung ankommt, die ein Seitensprung hat. War es nur ein Abenteuer aus einer Laune heraus und hat keine tieferen emotionalen Spuren hinterlassen? Dann richtet die Wucht, mit der eine »Beichte« in die Beziehung platzt, womöglich mehr Schaden an, als die Affäre selbst je hätte auslösen können. Ein weiterer Aspekt: Häufig sind es egoistische Motive und es dient nur der Entlastung des schlechten Gewissens, dem Partner von seiner Untreue zu berichten. Der andere wird damit belastet und hat ansonsten nichts davon. Soll die vermeintliche Offenheit und Ehrlichkeit gegenüber dem Partner also nur der eigenen Seelenhygiene dienen, kann es schonender für beide sein, es lieber bleiben zu lassen.

Wenn Partnerglück bedroht ist: Herausforderungen im Alltag

Toleranz üben: Charmante Schrullen nicht zur ärgerlichen Macke werden lassen

Es gibt diese Szene in dem Filmklassiker *Harry und Sally*, in der er ihr eine leidenschaftliche Liebeserklärung macht. Im Schnee der Silvesternacht gesteht der Titelheld seiner Angebeteten, warum er den Rest seines Lebens unbedingt mit ihr und keiner anderen verbringen möchte – obwohl oder gerade, weil sie so seltsame Angewohnheiten hat: Ihr ist kalt, wenn draußen 25 Grad sind, sie braucht eineinhalb Stunden, um im Restaurant ein Sandwich zu bestellen, und ihr starkes Parfum kann er nach einem Tag mit ihr noch ewig an sich riechen. Das klingt unglaublich romantisch und erweicht jeder Frau das Herz, die den Film sieht. Diese kurze Episode trifft aber nur die halbe Wahrheit. Im Rausch der Verliebtheit mag der Mann, in diesem Fall Harry, zunächst hingerissen sein von ihrem Frösteln, ihrem Parfum und der launischen Ausdauer, mit der sie im Restaurant ihre

Wünsche äußert, um die Bestellung im nächsten Moment doch wieder zu ändern. Im Abnutzungskampf einer chronischen Beziehung werden ihn jedoch genau diese Eigenarten irgendwann nerven. Das positive Bild von ihr verzerrt sich schon bald, wenn beide nicht aufpassen. Er wird sie verfluchen, sie vielleicht sogar dafür hassen, wenn sie mal wieder an warmen Tagen friert, der süßliche Duft nicht aus seinem Anzug weicht und sie schon wieder einen Kellner mit ihren Sonderwünschen in den Wahnsinn treibt.

Ein zuverlässiges Anzeichen dafür, dass sich die Wahrnehmung des Partners langsam ändert und ins Gegenteil zu kippen droht, besteht darin, dass die Vorwürfe irgendwann mit den Wörtern »immer«, »ständig«, »andauernd« oder auch den Begriffen »nie«, »kein« und »nicht ein einziges Mal« garniert sind. Diese Generalisierung zeigt an, dass der liebevolle Großmut nahezu aufgebraucht ist, mit dem man bisher die Eigenheiten des anderen betrachtet oder gar darüber hinweggesehen hat.

Dabei muss man sich immer (!) wieder klarmachen, was für ein großes Geschenk es ist, wenn zwei Menschen zueinander finden, zart miteinander um-

gehen, sich vertrauen und zusammenbleiben möchten. Es grenzt schon an ein kleines Wunder, dass man voneinander angezogen ist, so unterschiedlich und eigen, wie wir alle sind. Und so fremd und unpassend, wie uns viele andere vorkommen.
Außerdem tritt jeder Mensch mit einer anderen Geschichte, mit anderen Erfahrungen, anderen Ängsten und Vorlieben in das Leben des anderen. Dieses Unbekannte und Geheimnisvolle macht zu Beginn einer Beziehung oft gerade den Reiz aus. Es ist spannend, die vielen neuen Eigenschaften zu entdecken, die der andere mitbringt und die manchmal besonders liebenswert und charmant wirken. Attraktiv ist gerade das Fremde, das man so noch nicht gesehen und erlebt hat – und in das man sich verliebt. Bisher konnte man sich ja gar nicht vorstellen, wie kompliziert die Bestellung im Restaurant sein kann!
Diese zunächst so betörenden Eigenheiten unterliegen jedoch einem bemerkenswerten Wandel, sobald die Beziehung älter wird. Zu Beginn einer Partnerschaft werden sie noch als liebenswürdige Marotten gesehen. Sie gehören zu der besonderen Note, die den neuen Partner so anziehend macht.

Doch bald schon beeinträchtigen sie den gemeinsamen Alltag. Das Einzigartige im anderen wird nur noch als eigenwillig beurteilt. Aus der Marotte wird die Macke, mit der einem der Partner irgendwann vor allem auf die Nerven geht. Aus der liebenswürdigen Schrulle ist ein ständiges Ärgernis geworden. Wie laut und albern er immer lacht! Wie sie sich jedes Mal aufführt! Und irgendwann bringen die chronischen Gewohnheiten und Rituale den anderen nur noch zur Weißglut.

Wenn es so weit gekommen ist, besteht größte Gefahr für die Partnerschaft. Dann ist nicht nur der liebenswürdige Blick auf den anderen verlorengegangen, sondern auch Nachsicht und Güte gegenüber den Schwächen des Partners. Dabei ist jene inzwischen so nervige Eigenart häufig die Nebenwirkung eines Wesenszuges, den man wechselseitig durchaus mal geschätzt hat oder immer noch gut findet: Er mag sie in der geselligen Runde als dröhnender Unterhalter mit seinen ewig gleichen Geschichten zwar manchmal auf die Palme bringen. Das geht aber einher mit seiner Tatkraft und seinen originellen Ideen im Beruf wie in der Freizeit, die sie sehr wohl zu schätzen weiß. Und wenn sie sich bei einem Fest stark zurückhält und nicht so wie er im Mittelpunkt stehen will, mag er das zwar schade finden. Andererseits ist es genau diese bescheidene Art, die ihren feinfühligen Blick auf die Welt und die Mitmenschen erst ermöglicht, was er immer wieder an ihr bewundert.

Von wegen Elternglück: Nach dem ersten Kind aufpassen

Es ist vielleicht eines der letzten Tabus in unserem Land. Kinder gelten schließlich als das große Glück, die reine Freude. Und wie süß sie sind! Welche Eltern möchten da schon zugeben, dass der Nachwuchs sie anstrengt, die Partnerschaft belastet und Vater wie Mutter an den Rand ihrer Nervenkraft bringt? Die Lust auf ein weiteres Kind hält sich bei dieser Stimmungslage naturgemäß in Grenzen. Es bleibt bei dem einen Versuch. Dass die Unzufriedenheit nach der Geburt des ersten Kindes erstaunlich verbreitet ist, haben Wissenschaftler des Max-Planck-Instituts für demografische Forschung in Rostock kürzlich gezeigt.

Die Forscher hatten im Jahr 2015 Daten des sozioökonomischen Panels ausgewertet, einer landesweiten repräsentativen Umfrage. Dabei erfassten sie bei Tausenden Erwachsenen Stimmung und Lebensumstände mindestens drei Jahre vor und zwei Jahre nach der Geburt des ersten Kindes. Auf einer Skala von null (gar nicht zufrieden) bis zehn (maximal zufrieden) fühlten sich Mütter und Väter im ersten Jahr ihrer Elternschaft um durchschnittlich 1,4 Einheiten weniger glücklich als in den zwei Jahren zuvor.

Mehr als ein Drittel gab sogar zwei oder mehr »Glückseinheiten« weniger an, nachdem das Kind geboren war. Das ist erstaunlich viel, denn selbst Arbeitslosigkeit oder der Tod des Partners gehen nur mit einer Einheit weniger auf der Glücksskala einher. Eine Scheidung schlägt durchschnittlich mit minus 0,6 Glückseinheiten zu Buche. Von keinerlei Glückseinbußen nach dem ersten Kind berichteten hingegen nur 30 Prozent der Studienteilnehmer.

Je unzufriedener die Eltern nach der Geburt des ersten Kindes sind, desto unwahrscheinlicher wird es demnach, dass sie ein zweites bekommen. »Die

Erfahrung der Eltern während und nach der ersten Geburt bestimmt mit, wie groß die Familie noch wird«, sagt Studienleiter Mikko Myrskylä. »Politiker, die sich um niedrige Geburtenraten sorgen, sollten deshalb darauf achten, dass es jungen Eltern schon beim ersten Kind gut geht.« Der Zusammenhang ist frappierend: Von 100 Eltern, die in der Befragung ein Minus von drei oder mehr Glückseinheiten beschrieben hatten, bekamen nur 58 innerhalb des folgenden Jahrzehnts ein zweites Kind.

»Babys sind stressig, keine Frage. Wie man die erste Zeit bewältigt, ist abhängig davon, wie sehr sich die Eltern gegenseitig unterstützen und wie viel Hilfe sie kriegen«, sagt Karl-Heinz Brisch, Experte für Bindungsstörungen am Haunerschen Kinderspital der Uniklinik München. »Ist die Mutter niedergeschlagen, geht es dem Vater schlechter. In der Folge bekommt das Baby die miese Stimmung mit und weint und schreit dann öfter.« Schaukeln sich diese negativen Gefühle weiter hoch, kann bei den Eltern der fatale Eindruck entstehen, dass das Baby schuld an ihrem Unglück ist.

Um Verzweiflung, Stress und Missbrauch bei jungen Müttern und Vätern zu verhindern, hat Brisch

Kursprogramme (SAFE, BASE) ins Leben gerufen, in denen Eltern während und nach der Schwangerschaft auf die Umstellungen und vielen Herausforderungen vorbereitet werden, die mit der Geburt auftreten können. Noch immer sehen viele Paare diese Zeit mit rosarot verzerrtem Blick. Dabei haben sie es mit handfesten Veränderungen zu tun.

»Junge Eltern beklagen Schlafmangel, Schwierigkeiten in der Partnerschaft und den Verlust von Freiheit«, sagt Myrskylä. Die Umstellungen im Alltag und besonders in der Paarbeziehung, die nach der Geburt des ersten Kindes zwangsläufig sind, unterschätzen die meisten Eltern. Schlechte Erfahrungen während der Entbindung können ebenfalls den Wunsch nach einem weiteren Kind verzögern.

Theoretisch wünschen sich die meisten Deutschen zwar mindestens zwei Kinder. Tatsächlich liegt die Zahl der Geburten aber seit Jahrzehnten unter 1,5 pro Frau und ist erst 2016 kurzfristig auf diesen Wert gestiegen, vermutlich aufgrund des Zuzugs von Migranten. Häufig kommt zwar ein erstes Kind auf die Welt – aber nicht mehr das ursprünglich gewollte zweite. Auch historisch lässt sich dieser Trend nachzeichnen: Lag der Anteil an Familien mit einem Kind bei Müttern, die Ende der 1930er-Jahre geboren wurden, noch bei 25 Prozent, hat er für Mütter der späten 1960er-Jahrgänge schon 32 Prozent erreicht.

Nicht alles auf einmal: Die Rushhour des Lebens entzerren

Es ist ein Dilemma unserer Zeit, und eine einfache Lösung ist nicht in Sicht: Wer abends länger als geplant an einem Projekt sitzt, um im Job voranzukommen, vernachlässigt Freunde und Familie. Wer schon nachmittags zu Hause ist und mit den Kindern spielt, kann sich gerade nicht um seine Karriere kümmern. Wer endlich mal für sich sein und den Kopf bei einer Joggingrunde freibekommen will, kann gerade nicht mit seiner Familie zusammen sein – und um den Job kümmert er sich dabei auch nicht.

Es ist eine simple Gleichung: Während man das eine tut, vernachlässigt man das andere. Wer hier ist, kann nicht dort sein. Doch was so einfach klingt, wird in Zeiten chronischer Überforderung, flexibler Berufsmodelle und Lebensabschnittsplanungen zum Problem. Man müsste, man sollte, man wollte doch – und in Zeiten flexibler Arbeitszeitmodelle: man könnte endlich –, sind die kleinen gemeinen Appelle, die ständig das schlechte Gewissen reizen und das Leben anstrengend machen. Für viele Menschen sind der Druck, der Zwang und die vermeintlichen Notwendigkeiten unerträglich geworden, immer mehr leisten, bieten, machen zu müssen.

»Genug ist nicht genug, genug kann nie genügen.« Konstantin Weckers Lied war zwar mal als Aufruf gedacht, sich mit aller Sinnenlust des Lebens ganzer Fülle hinzugeben. Es ist aber längst zum Motto einer getriebenen Leistungsgesellschaft geworden, in der immer mehr vom Einzelnen verlangt wird – und der Einzelne immer mehr von sich verlangt, weil er sich sonst für ungenügend hält. Wer die Überlastung spürt, versucht vielleicht noch das Tempo herauszunehmen und verzweifelt zu entschleunigen, bevor es zu spät ist. Andere verlieren Halt und Übersicht und brennen aus.

Wissenschaftler und Bevölkerungsforscher fordern deshalb schon lange, die besonders anstrengende Phase zu entzerren. Gerade im Alter zwischen 30 und 50 käme es darauf an, dass Paare weniger belastet sind. Es ist die sprichwörtliche Rushhour des Lebens: In diesen Jahren gründen die meisten Menschen eine Familie und sind mit der Kinderbetreuung intensiv beschäftigt. Gleichzeitig fallen die stärksten beruflichen Anforderungen und Karriereschritte häufig in diese Zeit. Wer sich eine Wohnung oder ein Haus kaufen oder bauen will, tut dies zumeist auch in diesem Alter und ist durch die Planungsphase und eventuelle Sorgen um die Finanzierung zusätzlich eingespannt.

Weil so viel los ist in diesen Jahren und alles auf einmal auf ein Paar einstürmt, kommt es oft zu Kollisionen. Zunächst geht es in der Rushhour des Lebens nur im Modus des Stop-and-go voran. Dann steckt man im Stau. Und irgendwer bleibt immer auf der Strecke: der Partner, die Kinder, man selbst – und im Zweifelsfall auch die Karriere.

In dieser Phase voller Belastungen findet man kaum ausreichend Zeit für sich, für den Partner und für die Kinder. Etliche Beziehungen zerbrechen daran. Menschen werden krank oder brennen aus. Höchste Zeit, dass Politiker und Arbeitgeber andere, sinnvolle Modelle anbieten, damit man nicht mehr alle Lebensaufgaben innerhalb dieser wenigen Jahre lösen muss. Berufliche Fortschritte sollten auch in späteren Jahren noch realisierbar sein. Teilzeitmodelle oder Möglichkeiten, auch nach dem gesetzlichen Renteneintrittsalter seine Lebensarbeitszeit zu vervollständigen, könnten den Stress in der Familie und mit dem Partner in mittleren Lebensjahren merklich entschärfen.

Würden sich die Menschen vergegenwärtigen, dass viele von ihnen 80 Jahre oder älter werden und sie diese Zeitspanne zumeist in geistig und körperlich regem Zustand verbringen, würde ihre Lebensplanung wohl anders aussehen. Gerade in Ländern mit einer hohen Lebenserwartung arbeiten die Menschen genau in jener Phase besonders hart, in der sie Kinder bekommen, sich um diese kümmern sollten und sich mit ihnen beschäftigen könnten. Im Ruhestand haben sie zwar mehr Zeit, aber dann brauchen ihre Kinder sie diesbezüglich nicht mehr.

Doch es wäre zu passiv, allein auf politische oder

anderweitige Hilfestellung von außen zu warten. Man kann auch selbst etwas dafür tun: Sich als Paar bewusst zu sein, dass selten alles auf einmal gelingt und dass sowohl die Beziehung als auch das Leben nicht auf wenige Jahre mit allen Facetten verdichtet werden können und dabei auch noch alle Wünsche und Ansprüche zu erfüllen sind, wäre schon eine hilfreiche Einsicht. Diese entzerrte Sicht trüge dazu bei, den Alltag aufmerksamer und wacher miteinander zu erleben. Dazu gehört auch, die Partnerschaft und die anderen Mitglieder der Familie nicht mit Erwartungen zu überfrachten und zu einem Ideal zu stilisieren, dass sich nie erreichen lässt.

Elementare Fragen: Im Bett allein oder zu zweit?

Der Philosoph Friedrich Nietzsche hat noch zu schätzen gewusst, welche Fertigkeiten für richtiges Liegen und Ruhen nötig sind: »Schlafen ist kein geringes Kunststück, denn man muss den ganzen Tag dafür wach bleiben.« Viele Paare machen es leider andersherum und die Nacht zum Tag – nicht, weil sie sich die ganze Nacht im ausgelassenen Liebesspiel verausgaben, sondern weil sie sich an den Macken und Ritualen des Partners so sehr stören, dass es ihnen den Schlaf raubt. Hier tun bilaterale Abrüstungsverhandlungen Not. Schließlich hat schon der grandiose Alltagsingenieur Groucho Marx gewusst: »Was man nicht im Bett tun kann, ist es nicht wert, getan zu werden.«

Zwar gibt es inzwischen supersanfte Allergiker-Bettwäsche, doch auch noch so feines Linnen verhindert nicht, dass manche Paare überempfindlich reagieren, wenn sie jahrelang nicht nur Tisch, sondern auch Bett teilen. Das zeigt sich nicht zuletzt in den Veränderungen des Bettmöbels im Laufe einer Beziehungskarriere: Sind Paare noch jung, begnügen sie sich zumeist mit einem schmalen Bett von vielleicht 1,40 Metern Breite. Mit wachsender Dauer der Beziehung wächst auch der Abstand zueinander, was sich oftmals in einer erweiterten Bettenbreite von 1,60 oder sogar 1,80 Metern bemerkbar macht. Bei altgedienten Paaren werden die Betten sogar noch größer, oder man trennt die Schlafstatt ganz voneinander. Möge es der Beziehung dienen: So war Loki Schmidt davon überzeugt, dass ihre Marathon-Ehe mit Altkanzler Helmut Schmidt nur deswegen 62 Jahre Bestand hatte, weil beide schon frühzeitig in getrennten Betten geschlafen haben.

Allerdings stehen Paare zunehmend vor praktischen Problemen, wenn das Bett immer mehr Platz bieten soll. So wird es zunehmend schwieriger, nach Vorbild des französischen Grand Lit für breite Betten noch ungeteilte Matratzen zu finden. Sonst droht schließlich die fiese Besucherritze, die das gemeinsame Liegen anstrengend machen kann und die der Schriftsteller Honoré de Balzac für den Tod aller Romantik und ein »Verbrechen an der Liebe« hielt. Zwar teilen noch 80 bis 90 Prozent aller Paare in Deutschland ein gemeinsames Bett, allerdings bestehen die Partner fast alle auf einer eigenen Bettdecke, in die sie sich einhüllen und sie festzurren wie eine Zeltplane, wenn man den Umfragen glauben mag.

Bisher lässt sich nicht eindeutig beantworten, ob Paare besser allein oder getrennt schlafen. Es gibt unterschiedliche Vorlieben der Geschlechter, denn

Störungen lassen sich im gemeinsamen Schlafgemach offenbar nicht vermeiden: Mal ist sie zu unruhig, dann knarzt er mit dem Bett oder schnarcht zu laut. Und sie wird jedes Mal wach, wenn er ins Bad muss. Sie geht in der Nacht an den Kühlschrank, er will im Bett fernsehen und mag es kühl. Sie will es hingegen nachts warm haben – diese Unterschiede können eine Partnerschaft schon zermürben. Ganz zu schweigen von diesen sexy Aufbissschienen gegen Zähneknirschen und Ohropax-Bröseln, die schnell die Attraktivität im gemeinsamen Bett beeinträchtigen können.
Ob der Schlaf als erholsam empfunden wird, ist ebenfalls Ansichtssache und vom Geschlecht abhängig: Frauen geht es besser und sie finden tiefer in den Schlaf, wenn sie alleine schlafen. Belästigungen durch die Männer rauben ihnen wohl häufiger die Nachtruhe als umgekehrt. Schließlich schnarchen 60 Prozent der Männer im Alter von über 60 Jahren, allerdings ist dies auch bei 40 Prozent der Frauen in diesen Jahrgängen der Fall. Männer schlafen hingegen besser und fühlen sich morgens ausgeruhter, wenn sie wissen, dass ihre Partnerin nachts neben ihnen schlummert. Sie sind dann we-

niger unruhig und müssen sich nicht vergewissern, ob sie noch da ist. Das liegt vermutlich am evolutionären Erbe. Als Mann hat man eben diesen Drang in sich, die Höhle bewachen zu müssen und dafür zu sorgen, dass sie sicher ist und ihr nichts passiert.
Aber auch wo und mit wem man seine Kinder bettet, ist inzwischen Gegenstand wissenschaftlicher Diskussionen. So hat eine Studie an Männern gezeigt, dass ihr Testosteronspiegel und ihre Libido sinken, wenn sie permanent Zimmer und Lager mit dem eigenen Nachwuchs teilen. Falsch gelegen – und schon ist die Manneskraft bedroht. Für den ewigen Streit, wie es Paare mit den Kindern im Ehebett halten sollten, ist das womöglich ein sachdienlicher Hinweis.

Versorger und Ernährer: Lungert der Mann zu Hause herum, droht Scheidung

Dass zwei Menschen als Paar zusammenleben, bedeutet noch lange nicht, dass sie ihre Zeit ständig miteinander verbringen müssen. Der süddeutsche

Ausdruck »aufeinanderhocken« umschreibt anschaulich, welche Bedrängnis aus permanenter Nähe erwachsen kann – bis auch die glühendste Zuneigung zu erkalten droht. Zu dieser Wahrnehmung passen die Ergebnisse einer großen Analyse von Harvard-Soziologen um Alexandra Killewald. Die Wissenschaftler haben mehr als 6300 Paare untersucht und nach Ursachen für eine spätere Scheidung gefahndet.

Das Risiko für eine Trennung erhöht sich demnach wesentlich, wenn der Mann keine volle Stelle hat, sondern ständig zu Hause herumlungert. Ob die Frau einer bezahlten Tätigkeit nachgeht oder nicht und die Höhe des Gesamteinkommens des Paares sind hingegen nicht so wichtig für die Prognose der Partnerschaft. »Doch während Frauen nicht die klassische Rolle der Hausfrau übernehmen müssen, um die Partnerschaft zu stabilisieren, steigt das Scheidungsrisiko für Männer, wenn sie nicht dem Stereotyp des Ernährers und Vollzeitarbeiters entsprechen«, sagt Killewald.

Die Harvard-Soziologin hat jüngere Paare mit solchen verglichen, die schon vor 1975 geheiratet haben. Für Erstere waren finanzielle Aspekte nicht

ausschlaggebend für eine Scheidung. Vielmehr ging es um die Aufteilung der Hausarbeit und die berufliche Erwartungshaltung – besonders in Hinblick auf den Mann, von dem auch noch heute erwartet wird, dass er das Geld nach Hause bringt. Frauen übernehmen zwar immer noch 70 Prozent der häuslichen Pflichten, sie verlangen aber, dass ihr Mann seinen Beitrag dazu leistet.
In der älteren Studiengruppe der vor 1975 Vermählten ergab sich hingegen ein anderes Bild. Hier stieg das Risiko für eine Scheidung in dem Maße an, in dem die Partnerin nicht dem Klischee der Hausfrau entsprach, sondern einer aushäusigen Arbeit nachging oder gar Karriere machte. Je höher der Anteil der Hausarbeit, den die Frau übernahm, desto weniger wahrscheinlich war eine Trennung bei älteren Paaren.
Dass die Scheidungsrate in der zweiten Hälfte des 20. Jahrhunderts deutlich angestiegen ist, schreiben viele Menschen der Tatsache zu, dass beginnend mit den 1960er- und 1970er-Jahren immer mehr Frauen einer bezahlten Arbeit nachgingen. Demnach hatten sie es dank eigener finanzieller Reserven nicht mehr nötig, bei ihrem Partner zu

bleiben, wenn die Beziehung zerrüttet war. Doch diese Erklärung ist offenbar falsch.
»Nach Ansicht vieler Leute hat die zunehmende Berufstätigkeit der Frauen das Fundament der Ehe erschüttert«, sagt Killewald. »Unsere Befunde legen diesen Schluss aber keineswegs nahe.«
Ein weiterer Trugschluss: In der Familienpolitik gehe es fast immer nur um Frauen, um Teilzeit- und Betreuungsmodelle sowie um die Vereinbarkeit von Beruf und Familie. »Dabei ist das Leben der Männer genauso von Geschlechtsvorstellungen betroffen.« Die Rolle der Frau als Heimchen am Herd mag zwar erodiert sein, jene vom Mann als Ernährer ist aber aktueller denn je. Dass er als solcher auftritt, mag altmodischen Rollenklischees entsprechen, wirkt sich aber offenbar erheblich auf das Eheglück aus.

Wie der richtige Blick auf die Beziehung gelingt: Jenseits des Optimierungswahns

Zyklen der Liebe anerkennen, die Anspruchshaltung überdenken

In dem Maße, wie das gemeinsame Leben zur Gewohnheit wird und das körperliche Begehren der ersten Jahre sich verflüchtigt, verlieren die typischen Wesenszüge des anderen, die einst so attraktiv waren, ihren Reiz. Insofern ist es kein Wunder, wenn auch die Begeisterung für den anderen nachlässt, sobald die Partnerschaft in die Jahre kommt. Die erotische Zuneigung hat spätestens nach vier Jahren Gemeinsamkeit ihren Tiefpunkt erreicht. Das spüren nicht nur viele Paare an der Intensität ihres Umgangs, sondern es lässt sich auch anhand von Konzentrationen der Glücks- und Liebeshormone ablesen, die von erstaunlichen Höhepunkten des Anfangs innerhalb von vier Jahren auf historische Tiefstwerte abfallen.

Weil sich diese Flaute schlecht ertragen lässt und der Übergang von der Leidenschaft des Anfangs zu den Mühen der Ebene oft nicht gelingt, trennen sich viele junge Paare nach vier, fünf Jahren wieder. Sie finden bald einen neuen Partner, sind wild verliebt und können zunächst gar nicht voneinander lassen. Innerhalb des ersten Jahres dieser neuen Beziehung spielen Sex und Erotik wiederum eine wichtige Rolle, doch dann lassen diese Bedürfnisse erneut nach.

Vier, fünf Jahre mag es dauern, dann steht auch diese Beziehung erneut auf der Kippe. Aus, Schluss, vorbei. Und alles wieder auf Anfang. Das Spiel beginnt von vorne. Gerade junge Erwachsene im Alter zwischen Anfang 20 und Mitte 30 finden und trennen sich in diesem Rhythmus immer wieder – um dann irgendwann zu merken, dass für die Langstrecke andere Dinge entscheidend sind als der Spaß im Bett. Wer diese Zyklen nicht durchschaut und merkt, dass Paare auch nach vielen Jahren noch reichhaltig beschenkt werden, irrt auch mit 50 oder 60 noch auf der Suche nach dem Traumpartner durch die Welt.

Wie kann man unter diesen Umständen den Anspruch haben, auch nach zehn, 15 oder gar 20 Jahren Ehe noch genauso voneinander begeistert zu

sein, körperlich angezogen und für den Partner zu schwärmen wie im ersten Jahr? Niemand kann dauerhaft in der Partnerschaft ein Feuerwerk abbrennen, aber das ist kein Grund für Trübsal, sondern auf gewisse Weise sogar tröstlich.
Eingestehen will sich das aber zunächst kaum ein Paar. Stattdessen erheben viele Menschen zwischen Mitte 30 und Mitte 50 den Anspruch, auch nach zwölf oder 24 Jahren noch genauso leidenschaftlich für den anderen zu brennen und immer noch so verliebt zu sein wie am ersten Tag. Realistisch ist das nicht – und in der Praxis die absolute Ausnahme. Genauso wenig, wie es möglich und wünschenswert ist, immer bester Stimmung zu sein und im Beruf, privat, beim Sport oder in anderen Bereichen permanent Höchstleistung bringen zu können.
Der grassierende Optimierungswahn führt allerdings dazu, dass auch dann noch alles perfekt sein soll, wenn die Ehe bereits ein Dutzend Jahre oder mehr auf dem Buckel hat: Gegenseitiges Verständnis, leidenschaftlicher Sex, bester Freund, dazu noch abwechslungsreiche gemeinsame Interessen – und nebenbei gelingen natürlich auch Kinderer-

ziehung, Hausbau und Urlaub. Das ist zumindest der mehr oder weniger versteckte Anspruch vieler Paare. Guter Kumpel, aufregender Liebhaber, geduldiger Ratgeber und zudem erfolgreich in Freizeit und Beruf soll der Partner sein. Alles auf einmal und noch viel mehr. Solche Menschen gibt es nicht. Zumindest nicht in der Wirklichkeit, sondern allenfalls in den Sehnsuchtszeilen der Partnersuchanzeigen.
Diese Ansprüche auf allen Ebenen kann außerdem kein Mensch erfüllen, eine Partnerschaft auch nicht. Eine solche Beziehung gibt es schlicht nicht, jedenfalls nicht auf Dauer. Wer sich trotzdem daran misst und solche Höchstleistungen erwartet, überfordert sich und den Partner – und schlägt einen sicheren Weg in Richtung Trennung ein. Denn auf diese Weise ist das Scheitern programmiert. Wer alles will, wird alles verlieren. Zunächst die Zufriedenheit in der Partnerschaft, dann die Balance, irgendwann auch den Partner.
Was man hingegen durchaus miteinander teilen kann: wunderbare Phasen der Gemeinsamkeit, in denen mal der seelische Austausch, mal die Leidenschaft und mal Verständnis, Rücksicht oder

Hingabe für den anderen im Vordergrund stehen. Diese Erlebnisse treten aber selten alle zur gleichen Zeit auf, dazu entwickeln sich die Vorlieben, Stimmungen und Lebensstränge von zwei Menschen zu selten synchron.
Wenn der Beruf gerade besonders fordernd ist, bleibt vielleicht weniger Zeit für gemeinsame Unternehmungen. Ist ein Partner im Moment besonders in sich gekehrt, drängt der andere womöglich nach außen und will viel erleben. Was für ein Zufall, was für ein Glück, wenn beider Neigungen und Interessen zufällig parallel verlaufen und man sich zur selben Zeit näherkommen will und sich Schwingungen und Lebensphasen angleichen. Das ist schön und etwas Wunderbares. Selbstverständlich ist es keineswegs.

Keine Achselzucken-Beziehung führen: Gleichgültigkeit vermeiden

Vor Kurzem haben sich die beiden getrennt. Sie waren bereits länger als 15 Jahre miteinander verheiratet und lebten im gemeinsamen Haus. Sie haben drei Kinder zusammen. Wird er auf die Trennung angesprochen, sagt er: »Ich kann dir eigentlich gar nicht genau sagen, warum wir nicht mehr zusammen sind. Den einen Grund, den großen Knall, das heftige Zerwürfnis gab es gar nicht.« Sie antwortet ganz ähnlich, nur klingt es bei ihr noch lakonischer: »Wir haben uns wohl auseinandergelebt, das war schon längere Zeit zu spüren.«

Es hat etwas Verstörendes, Trauriges, wenn man von einer Achselzucken-Beziehung wie dieser hört. Kein Ringen um das Miteinander, keine Auseinandersetzung um die beste Form der Partnerschaft, kein temperamentvoller Streit – und nicht mal der Kampf umeinander und darum, dass die Beziehung doch noch bestehen bleibt. In seinem Gedicht »Sachliche Romanze« beschreibt Erich Kästner ein Paar, dem die Liebe nach acht Jahren »plötzlich abhanden«kommt. Dieses leise Verschwinden trifft den Vorgang recht gut. Einst war da etwas Großes, Leuchtendes, Verbindendes. Doch mit der Zeit wird es immer kleiner, ist kaum noch zu erkennen – bis es irgendwann ganz verschwunden ist: »Sie gingen ins kleinste Café am Ort / und

rührten in ihren Tassen. / Am Abend saßen sie immer noch dort. / Sie saßen allein, und sie sprachen kein Wort / und konnten es einfach nicht fassen.«
Türenknallen, Geschrei, der große Auftritt, die theatralische Szene – das muss wahrlich nicht immer die Begleitmusik sein, wenn eine Beziehung schwierige Zeiten durchmacht oder endgültig zu scheitern droht. Aber sich immer weiter voneinander zu entfernen, es nicht einmal zu bemerken und dann gleichgültig und monoton in das Desaster der Indifferenz zu schlittern, das ist die wohl dunkelste und bitterste Form des Liebestodes.
Besser ist es da schon, im Stellungskampf der Partnerschaft Stellung zu beziehen, alles zu versuchen, sich einzusetzen und nicht aufzugeben. Weil es eben nicht egal ist, wenn eine Beziehung nach langer Zeit einfach aufhört und sich gleichsam in Luft auflöst. Dann gilt es, dem Partner zu zeigen, dass man noch etwas von ihm will. Das ist ein Signal an den anderen, das ihn vielleicht ermutigt, es doch noch einmal miteinander zu probieren. Nicht nur auf Bewährung, sondern mit voller Kraft.
Zudem dient es der Selbstvergewisserung: Was will ich eigentlich noch von der Beziehung, was

haben wir zuletzt vernachlässigt, und was können wir gemeinsam in Zukunft erreichen? Wer hingegen gleich alles hinschmeißt und sprachlos geht oder den anderen gehen lässt, vermittelt den Eindruck, dass es ihm schon lange nicht mehr wichtig um die Beziehung war. Deswegen sind lautstarke Auseinandersetzungen nicht unbedingt ein schlechtes Zeichen für eine Beziehung und keineswegs der Vorbote einer baldigen Trennung. Bedrohlich ist vielmehr das Verstummen, das leise Entgleiten des Miteinanders, bis nur noch die große Leere bleibt – und das Achselzucken.

Einfühlung zu zweit: Die Liebe zum anderen mit der Liebe zu sich teilen

Einen anderen Menschen zu lieben, ist nur dann möglich, wenn man sich selbst liebt. Nicht übermäßig wie Narziss, der sich in sein Spiegelbild verliebte, aber mit angemessenem Selbstbewusstsein. Wer sich selbst ständig entwertet und nur an sich zweifelt, ist hingegen kaum in der Lage, dauerhaft für einen anderen da zu sein und trotzdem eigenständig zu bleiben. Selbstaufgabe hat nichts mit Hingabe in der Liebe zu tun. Zu groß werden dann die Erwartungshaltung und der Anspruch an den anderen. Den Partner zu vergöttern und sich selbst zu erniedrigen, ist weder gut für die Beziehung noch für einen selbst. Und den anderen wird es auch nicht glücklich machen.

Apropos Glück: Es ist ein ziemlich sicherer Weg ins Unglück, vom anderen zu erwarten, dass er einen glücklich macht. Man kann zwar beglückende Momente miteinander erleben und sich vom anderen immer wieder beschenkt und beglückt fühlen. Das Glücksgefühl und diese tiefe, innere Zufriedenheit müssen aber aus dem eigenen Inneren entstehen und dürfen nicht abhängig von den Zuwendungen des anderen gemacht werden. Es erdrückt sogar jede Liebe, wenn einer der Partner ständig darauf hofft, erst durch den anderen zufrieden oder gar glücklich zu werden. Dafür ist man schon selbst zuständig.

Seit wenigen Jahren gibt es das schöne Konzept des »Selbstmitgefühls«. Es bedeutet, sich wertzuschätzen und anzuerkennen, unabhängig davon, was man leistet, was man kann oder ob man erfolgreich ist. Es geht um Einfühlung mit sich selbst und darum, gut zu sich zu sein. Die meisten Menschen sind zwar gut darin, andere zu trösten und ihnen beizustehen, wenn es ihnen schlecht geht. Zu sich selbst können sie aber vor allem streng und unbarmherzig sein. Sie geißeln sich am Marterpfahl ihres schlechten Gewissens und halten sich für Versager, wenn etwas nicht nach ihren Vorstellungen läuft. Von Milde und Versöhnung mit sich selbst keine Spur.

Wer sich hingegen selbst annehmen kann, über seine Schwächen schmunzeln und angesichts seiner Stärke nicht gleich abhebt, der hat viel gewonnen. Nicht nur fühlt es sich besser an, gut zu sich zu sein, es führt auch dazu, Ideen und Projekte, die nicht geklappt haben, noch einmal anzupacken und es erneut zu versuchen. Wer sich selbst mag, hält länger durch, egal ob es um mehr Zeit mit der Familie, berufliche Aktivitäten, das neue Sportprogramm oder eine Diät geht.

Selbstmitgefühl hat übrigens wenig mit Selbstwertgefühl zu tun. Selbstmitgefühl ist unabhängig von Karriereschritten, Noten, Tabellen und anderen messbaren Erfolgen oder gar Siegen. Es entsteht aus einer bedingungslosen Zuversicht in das eigene Empfinden und der Erkenntnis, dass es schon gut so ist, wie es ist. Im Begriff des Selbstwertgefühls schwingt hingegen immer das Wort »Wert« mit und die Möglichkeit, es durch bessere Platzierungen oder andere Leistungen steigern zu können.

Das Selbstmitgefühl wirkt sich unmittelbar auf die Beziehung aus. Wer für sich selbst genügend Einfühlung aufbringt und auch bei Niederlagen zu sich steht, ist ein stabilerer und verlässlicherer Partner. Schließlich ist er nicht ständig in nagenden Selbstzweifeln befangen, sondern für den anderen da, wenn der ihn braucht – und auch sonst. Die Gelassenheit und Verbindlichkeit, die jemand ausstrahlt, der mit sich selbst im Reinen ist, kann in stürmischen Zeiten zum sicheren Hafen werden. Und wenn es mit der Beziehung gerade in ruhigem Fahrwasser dahingeht, vermittelt ein solcher Partner das schöne Gefühl, eine eigenständige und liebenswerte Person zum Gegenüber zu haben.

Wer auf Dauer der oder die Richtige ist: Sich gut finden

Unterschiede ausgleichen: Was wirklich attraktiv ist

Einer ist am Boden zerstört und wird vom anderen gerettet. Einer ist bedürftig, verunsichert und mutlos, da tritt ein anderer Mensch in sein Leben, baut ihn wieder auf, stärkt sein Selbstbewusstsein und bietet Trost und Schutz nach Verletzungen und Enttäuschungen. Das kann sich großartig anfühlen, wenn da ein Mensch ist, der einem aufhilft und für einen da ist, wenn man sich besonders schlecht fühlt und es einem dreckig geht. Immer wieder entwickeln sich enge Beziehungen aus solchen Situationen. Andererseits ist eine Partnerschaft keine Therapie und der Partner sollte nicht der Therapeut sein, jedenfalls nicht auf Dauer. Wenn eine Beziehung aus einer solchen seelischen Rettungstat entsteht, muss das zwar kein Problem für den weiteren Verlauf der Partnerschaft sein. Allerdings sollte möglichst bald etwas Neues an die Stelle treten, was die Verbindung festigt. Sonst verfestigt sich vor allem die Abhängigkeit und die Beziehung bleibt asymmetrisch. Das kann zwar auch funktionieren. Um eine Partnerschaft von zwei Menschen auf Augenhöhe handelt es sich dabei aber nicht – und das wird nicht lange gut gehen.

Auch in anderer Hinsicht sind viele Beziehungen ungleich: Einer ist hübsch und schlau, der andere unscheinbar und nicht so helle. Auf den ersten Blick kann das zumindest so wirken. Auf den zweiten Blick haben viele Paare ihr Beziehungsgleichgewicht jedoch fein austariert, auch wenn dieses Übereinkommen nicht auf einem offenen Handel beruht, sondern eher unbewusst abläuft. Man kennt die gegenseitigen Schwächen und Stärken und spürt, was man am anderen hat, was man geben kann und in welchen Bereichen man vom anderen profitiert. Das kann ungleich attraktiver sein als äußere Schönheit.

Wer nur auf die oberflächlichen Merkmale und Fähigkeiten des Partners schaut, tut ihm meistens unrecht und der Beziehung nichts Gutes. Es geht in langjährigen Partnerschaften vielmehr um etwas anderes: Wer findet nach einem Streit wieder das passende, versöhnliche Wort? Wer ist dafür zuständig, dass die Wochenenden abwechslungsreich verlaufen, und hält den Kontakt zu Freunden und Verwandten? Wer spürt genau, wann es wichtig ist, auf seinem Standpunkt zu beharren, und wann, nachzugeben? Wer kümmert sich und wer hat die Fähigkeit, es beiden behaglich zu machen, auch wenn sich gerade alles garstig und rau anfühlt?

Derartige Talente eines Partners drängen sich nicht immer auf, manchmal sind sie nicht mal sichtbar, erst recht nicht für Außenstehende. Trotzdem können sie wichtiger für eine Beziehung sein als äußere Merkmale wie Aussehen, Schlagfertigkeit oder gar das Einkommen.

Und dann ist da noch der Humor. Er/Sie bringt mich immer wieder zum Lachen – so lautet wohl eine der häufigsten Begründungen, warum einer mit dem anderen zusammen ist. Humor tut Menschen gleich in vielfacher Hinsicht gut. Sich glucksend zu amüsieren oder am lakonischen Stil des anderen zu erfreuen, ist nun mal heiterer und beglückender, als sich zu streiten. Zudem signalisiert es Einverständnis, wenn man über das Gleiche lacht und sich auf diese Weise nebenbei versichert, einen ähnlichen Blick auf die Welt zu haben. Drittens verfügen Menschen mit gutem Humor meist auch über die Fähigkeit, sich zu distanzieren – manchmal sogar von sich selbst. Wer dazu in der Lage ist, mag auch eher bereit sein, Fehler einzugestehen, sich zu versöhnen und eine Krise zu bewältigen. Und das ist ungeheuer attraktiv.

Bange machen gilt nicht: Vorurteile und andere Gefahren

Es gibt eine Menge Gerüchte und Vorurteile darüber, was eine Partnerschaft zusammenhält. Entgegen anderslautender Vermutungen: Es ist keineswegs erwiesen, dass eine späte Hochzeit dazu führt, dass die Ehe glücklicher und stabiler verläuft, auch wenn sich der Volksmund hier vermeintlich festgelegt hat: »Drum prüfe, wer sich ewig bindet ...« Andererseits hält sich das Sprichwort feige beide Optionen offen, denn es heißt eben auch: »Früh gefreit, nie bereut.«
Die Forschung ist hier schon eindeutiger: Früh,

das heißt mit Anfang 20 oder noch früher geschlossene Ehen, verheißen offenbar recht große Zufriedenheit, zeigen wissenschaftliche Analysen. Demgegenüber halten jene Ehen, die erst im höheren Alter – das heißt jenseits der 30 – eingegangen wurden, zwar im Mittel etwas länger. Wahrscheinlich liegt das aber daran, dass beide Beteiligten genau wissen, dass ihre Chancen auf dem Hochzeitsmarkt nicht mehr die allerbesten sind, wenn sie sich trennen würden. Zufriedener sind die Menschen in spät geschlossenen Ehen jedoch nicht, so die Forschung.

»Schlechte Qualität«, lautet das ernüchternde Urteil von Wissenschaftlern der Universität Texas in Austin, die eine entsprechende Untersuchung geleitet haben. Wer jünger geheiratet hat – in diesem Fall im Alter zwischen 22 und 25 Jahren –, erwies sich als glücklicher und ausgeglichener in der Ehe als jene alten Hasen, die erst mit 30 oder noch später den Weg zum Traualtar gefunden haben.

Vor dem Hintergrund dieser Erkenntnisse ist es womöglich bedenklich, dass Frauen in Deutschland im Durchschnitt erst im reifen Alter von nahezu 31 Jahren heiraten. Männer sind mit im Mittel fast 34 Jahren sogar noch älter, bis sie den Weg zum Standesamt einschlagen. Ein bedenklicher Trend, der sich in den vergangenen Jahren noch weiter verfestigt hat. Männer wie Frauen werden im Durchschnitt immer älter, bis sie die erste Ehe eingehen.

Ein anderes Vorurteil besagt, dass ständiger Streit die Beziehung zermürbt. Es heißt jedoch auch: »Was sich liebt, das neckt sich.« Konflikte sind, wie bereits gesagt, keineswegs Gift für eine Ehe, denn dabei werden Gefühle füreinander ausgedrückt – auch wenn es sich dabei zumeist um negative Gefühle handelt. Immerhin signalisiert der Streit, dass man sich noch nicht völlig egal ist und nicht mal mehr die Kraft aufbringt, sich über den anderen zu ärgern. Gleichgültigkeit und Missachtung sind viel größere Gefahren für das Miteinander als lautstarke Auseinandersetzungen. Bedrohlich für die Beziehung ist nicht der Konflikt an sich, sondern in welcher Form – und ob überhaupt – er ausgetragen wird.

Wenn eine zuvor intensiv-laute Beziehung plötzlich leise wird und niemand mehr mit der Faust auf den Tisch haut und den Partner anbrüllt, dann ist die Beziehung ernsthaft in Gefahr, weil dann nicht mal mehr gegenseitige Aggressionen verbindend wirken. Trennung droht – doch bald danach stürzen sich die Menschen schon wieder in die Suche nach dem nächsten Partner, über dessen Macken sie sich dann ärgern können. Der legendäre Paartherapeut Clint Eastwood hat diesen Wiederholungszwang treffend beschrieben: »Es gibt nur einen Weg, eine glückliche Ehe zu führen, und sobald ich erfahre, welcher das ist, werde ich erneut heiraten.«

Geliebtes Ebenbild: Ähnliche Partner bevorzugen

Der Volksmund hat zwar meistens recht, manchmal zieht er sich aber auch zu billig aus der Affäre. Um die Launen der Partnerwahl zu beschreiben, gibt es beispielsweise in Sprichwörtern die ganze Spannweite der Optionen: »Gleich und Gleich gesellt sich gern.« Aber eben auch: »Gegensätze ziehen sich an.« Psychologen wissen hingegen, dass die meisten Menschen für Freundschaften wie auch in der Partnerschaft zwar Gleichgesinnte suchen – die Unterschiede aber keineswegs die Bedeutung haben, die ihnen gerne zugesprochen wird. Wird untersucht, wer sich mit wem anfreundet, zeigt sich bei vielen Paaren ein erstaunliches Maß an Übereinstimmung der Interessen und Einstellungen – insgesamt bis zu 86 Prozent. Wer ähnliche Werte und Prinzipien hat, wird zunächst als Partner bevorzugt. »Man muss sich nur zwei fremde Menschen vorstellen, die sich im Flugzeug begegnen oder bei einem Blind Date«, sagt der Psychologe Christian Crandall von der Universität Kansas. »Geht jeder seiner Wege, oder nehmen die beiden Kontakt auf? Wie ähnlich man sich ist und wie vertraut einem der andere auf den ersten Blick vorkommt, spielt eine entscheidende Rolle dafür, ob man eine Verbindung eingeht und sie hält.«

Schließlich wollen sich Menschen in der Gesellschaft ihres Partners wohlfühlen und nicht ständig Konflikte und Dissonanzen bewältigen müssen. Sie suchen Bekanntes, denn das schafft Nähe und Vertrauen – allerdings um den Preis, dass die meisten Menschen mit der Zeit immer weniger tolerant gegenüber anderen werden und in ihrem persönlichen Umfeld hauptsächlich die Bestätigung für das suchen, was sie sowieso schon kennen, schätzen und wissen.

Eine andere – besonders von Frauen – gern gehegte Illusion zerstören Forscher ebenfalls. In Befragungen zu Beginn der Partnerschaft und nach einer längeren Beziehung zeigt sich, dass sich Freunde wie Partner mit der Zeit kaum einander angleichen und weitgehend konstant bei ihren (Vor-)Urteilen, Standpunkten und Macken bleiben. »Die Menschen verändern sich in Beziehungen nur in erstaunlich geringem Maße«, sagt die Psychologin Angela Bahns. Der Einfluss von Freunden oder Partnern ist verblüffend gering. »Allerdings bleibt ja auch wenig Raum für Entwicklung, wenn sich beide von Anfang an schon so ähnlich sind.«

Trotz dieser Befunde heißt das aber nicht, dass zwei Menschen in einer Partnerschaft alles miteinander teilen müssen oder die Beziehung nur dann hält, wenn beide die gleichen Interessen haben. Er kann sich in die Werkstatt zurückziehen, dem Modellbau frönen und Horrorfilme lieben, sie im Gospelchor singen und den Bücherbasar in der

Schule organisieren – diese Unterschiede tun einer Ehe sogar gut. Gegenseitiges Verständnis und Toleranz sind entscheidend, es besteht aber keinerlei Notwendigkeit, dass beide die gleiche Partei wählen, die gleiche Musik gut finden und das gleiche Lieblingsgericht bevorzugen. Schließlich will man als Partner ja kein Abziehbild seiner selbst haben, sondern einen Menschen, der neue Impulse und andere Sichtweisen in die Beziehung trägt.
Sind die Unterschiede sehr groß und einer der Partner wirkt deutlich attraktiver, intelligenter, redegewandter und in vielen anderen Bereichen überlegen, findet in Beziehungen zumeist ein unbewusster Tauschhandel statt. Die offensichtlichen Differenzen werden durch andere Vorteile ausgeglichen, die auf den ersten Blick vielleicht nicht leicht zu erkennen sind. Womöglich ist der vermeintlich Unterlegene emotional stabiler, hat weniger Angst oder ist besser in der Lage, Kompromisse zu finden oder im richtigen Moment nachzugeben. Dann befinden sich beide Partner wieder auf Augenhöhe, auch wenn Außenstehende denken mögen: Was findet sie bloß an dem? Und wieso hat er sich nur mit dieser Frau abgegeben?

Von Anfang an: Auf das Bauchgefühl hören

Wenn erst der Ring am Finger steckt, geht es oft ans Eingemachte: Es fängt mit Nörgeleien an, dann folgen Streitereien, im schlimmsten Fall droht Trennung. Würden frisch verheiratete Paare doch ihrer Intuition vertrauen und besser auf ihr Bauchgefühl hören. Schließlich spüren die Partner schon kurz nach der Hochzeit, wie es wirklich um ihre Ehe steht.

Der ostfriesische Paarexperte Otto Waalkes hatte es ja auch von Anfang an geahnt: »Wir wussten schon bei der Hochzeit, dass das nicht ewig hält«, sagte der Spaßmacher allen Ernstes, nachdem er sich 2012 von seiner zweiten Frau hatte scheiden lassen. Den meisten frisch vermählten Paaren fehlt diese Weitsicht. Sie sehen in den ersten Wochen nach der Hochzeit den Partner und den Rest der Welt komplett in Rosarot getaucht – und wundern sich ein paar Jahre später, was aus ihnen und ihrer Beziehung geworden ist.

Das Bauchgefühl hätte früh Hinweise gegeben und den Verlauf der Ehe nicht so beschönigend eingeschätzt. Dies zeigen Untersuchungen von Psychologen. Demnach spüren beide Partner bereits kurz nach der Hochzeit, wie es tatsächlich um ihre Beziehung bestellt ist. »Jeder will eine glückliche und harmonische Ehe führen«, sagt James McNulty von der Florida State University. »Am Anfang gelingt es auch, sich einzureden, dass alles gut ist, aber das ist ein bewusster Vorgang. Das Bauchgefühl lässt sich hingegen von derlei Wunschdenken nicht überlisten.« Mit Vernunft kommt man nicht immer zu den besten Einsichten.

Unterzieht man nämlich Freiwillige direkt nach der Heirat psychologischen Tests und befragt sie in den kommenden Jahren, wie zufrieden sie mit ihrer Beziehung sind und wie sie verschiedene Aspekte ihrer Ehe beurteilen, treten erstaunliche Ergebnisse zutage. Dass die Euphorie im Lauf der Zeit abnimmt, verwundert kaum. Die unbewusste Einstellung der Eheleute verrät jedoch, wie es wirklich um ihre Beziehung steht.

Dazu ein kurzer Blick in die Forschung, die diese Einsichten möglich gemacht hat: Freiwillige bekamen für Millisekunden auf einem Bildschirm Fotos vom Partner oder von anderen Menschen zu sehen und zusätzlich entweder positive oder sehr negative Begriffe eingeblendet, deren Bedeutung sie erkennen mussten. Brachten sie Wörter wie »bezaubernd« oder »wunderbar« rasch mit dem Partner in Verbindung, wurde dies als positives Bauchgefühl gewertet, denn Zeit zum Überlegen blieb ihnen nicht.

Derartige Tests haben sich in der Forschung übrigens auch bewährt, um unbewusste oder unpopuläre Einstellungen, etwa versteckten Rassismus oder Nationalismus, zu erkennen. Im Verständnis der tieferen Motive, die einer Partnerschaft zugrunde liegen, helfen sie auch. »Wer seinen Partner liebt und eine positive Einstellung zu der Beziehung hat, erkennt automatisch schneller, dass Begriffe wie ›liebenswert‹ oder ›herrlich‹ positive Wörter sind«, sagt McNulty. »Bei Wörtern wie ›schrecklich‹ dauert die Deutung hingegen länger, wenn man den anderen mag.«

Die Forscher stellten fest, dass die unbewusste Einstellung nicht trügt. Wer in den psychologischen Tests eine negative Haltung gegenüber dem Partner zeigte, hatte tatsächlich schon bald darauf Eheprobleme oder stand kurz vor der Trennung.

Für die Praxis heißt das: »Wenn einem der Bauch sagt, dass es ein Problem gibt, sollte man dem besser nachgehen«, rät McNulty.
Dass die Forscher ausgerechnet vier Jahre als Untersuchungszeitraum wählten, ist natürlich alles andere als ein Zufall. Denn, wie man herausgefunden hat, sinkt nach dem Hoch der körpereigenen Glücks- und Bindungshormone Dopamin und Oxytocin zu Beginn einer Beziehung der Level der Liebesmoleküle bis zum vierten Jahr dramatisch ab.

Wie konstruktiver Streit gelingt: Zoffen ohne Zoff

Ohne Ende: Schimpfen bis ins hohe Alter

Da sitzt dieses in Ehren ergraute Paar in der Bahn und sie mäkelt so heftig an ihm herum, dass man schon den Internationalen Gerichtshof in Den Haag um Beistand anrufen will. Grob zerrt sie an seiner Jacke, die angeblich nicht richtig sitzt, beschimpft ihn, dass er sich schon wieder bekleckert hat und dieses Hemd sowieso nicht zu seinen anderen Sachen passt. Mitleid möchte man schon mit ihm haben, weil er so zerknittert in die Welt schaut und sie nicht aufhört, ihn zurechtzuweisen.

Doch dann bellt er zurück. Was für eine zickige Person sie sei, dass sie ihn nie in Ruhe lassen könne und immer das letzte Wort haben müsse. Seit Jahren würde sie ihn quälen, es sei der reinste Horror, mit einer solchen Person verheiratet zu sein. Es folgen beiderseitige Beleidigungen, die Lautstärke steigt. Giftiges Gezänk von beiden Seiten. Irgendwann ist der Abteilwechsel unausweichlich.

Viele Paare sind Großmeister darin, sich gegenseitig niederzumachen. Aber auch noch im Alter? Diese beiden sind immerhin schon weit in den Siebzigern. Hört das denn niemals auf? Schaffen es Paare nicht einmal nach Jahrzehnten des Dauer-Clinches, sich zu vertragen und Frieden zu schließen? Die gute Nachricht vorneweg: Wenn sich altgediente Paare immer wieder streiten, ist das noch lange kein Grund, die Beziehung am Ende zu sehen, im Gegenteil. Der regelmäßige Zwist ist – zumindest in Maßen – vielmehr ein gutes Zeichen.
Paare, die sich aneinander reiben und auseinandersetzen, bleiben lange zusammen, was die beiden im Zug immerhin schon bewiesen haben. Immer wieder vom anderen genervt zu sein, sich über die notorisch liegen gelassenen Klamotten oder die auf der falschen Seite ausgedrückte Zahnpasta zu ärgern, beweist schließlich, dass sich beide noch längst nicht gleichgültig sind – auch wenn dies eine Bahnfahrt für andere zur Hölle machen kann.
Dennoch: Es erfordert einen ziemlichen körperlichen wie psychischen Aufwand, sich über den Partner zu ärgern und sich dann auch noch mit

ihm auseinanderzusetzen. Das verbindet, auch wenn es – zugegeben – erfreulichere Gemeinsamkeiten gibt. Wäre einem der andere egal, würde man die zum Streit notwendige Energie ja gar nicht erst aufbringen wollen.

Die roten Alarmlampen, die anzeigen, dass eine Beziehung bedroht ist, sollten also erst dann aufleuchten, wenn aus einer lautstarken Partnerschaft plötzlich eine leise wird und sich keiner mehr über den anderen aufregt. Wer einander so gleichgültig ist, dass ihn die Macken des Partners nicht mehr stören, der hat sich längst emotional aus der Beziehung verabschiedet. Sich ärgern hat also durchaus etwas Gutes! Das Paar in der Bahn hat das schließlich auch bewiesen. Es ist immerhin noch zusammen – und das offenbar schon seit vielen konfliktbeladenen Jahren.

Krank und traurig: Was falscher Streit anrichten kann

Es gibt wirklich keinen Grund, gleich das Ende der Partnerschaft zu befürchten, nur weil er sie mal wieder anbrüllt und sie ständig herumkeift und kein gutes Haar an ihm lässt. Allerdings sollte man darauf achten, dass die gegenseitige Zerfleischung nicht zum Dauerzustand wird. Außerdem ist es wichtig, dass nach dem Streit auch wieder Frieden einkehrt und beide sich nicht so massiv verletzen und entwerten, dass hinterher nur noch Scherben übrig sind.

Wer den anderen zuverlässig in Rage bringen will und auf die höchste Eskalationsstufe abzielt, lässt beiläufig fallen, dass sich der Partner mal wieder genauso wie die eigene Mutter, der eigene Vater oder – auch immer wieder gerne genommen – genauso wie gegenüber dem oder der Ex verhalten hat. Diese Vergleiche sind dermaßen unfair, dass sie den anderen zur Weißglut bringen. Schließlich denunzieren sie die Familie und den Freundeskreis des Partners gleich mit.

Natürlich gibt es auch jene besonnenen Zeitgenossen, die es immer und überall darauf anlegen, jeden Konflikt zu vermeiden. In ihrer Partnerschaft geht es ziemlich bedächtig zu: Sie haben erkannt, dass sich Streit selten lohnt und sie in ihrer Beziehung immer wieder in die gleichen Sackgassen der Kommunikation rennen und sich dort nur verhaken und festsitzen würden. Deshalb weichen sie den typischen Minenfeldern aus und sparen sich so eine Menge Energie.
Das klingt zwar deutlich entspannter, aber vielleicht entgehen ihnen durch diesen vorzeitigen Friedensschluss die lebhaften Achterbahnerlebnisse einer Partnerschaft und damit auch die Höhen und Tiefen des Miteinanders, die den Gefühlshaushalt über die Nulllinie hinaus anheben.
Gesünder wäre es ja, einander friedlich und weise gelten zu lassen – und nicht bei jedem nichtigen Anlass bis aufs Blut zu streiten. Der dauernde Kampf zwischen Paaren schlägt sich schließlich im Körper nieder; jeder Konflikt hinterlässt Spuren. Es kommt allerdings sehr darauf an, wie man streitet. Verhalten sich Paare in der Auseinandersetzung besonnen, heilen ihre Wunden

schneller wieder zu als bei jenen, die sich niedermachen. Fällt die Auseinandersetzung sehr verletzend aus, läuft das Alarmsystem des Körpers hingegen auf Hochtouren. Stresshormone wie Cortisol sind noch am nächsten Morgen erhöht; feindliche Erreger können nicht so gut bekämpft werden, weil das Immunsystem geschwächt ist; die Blutgerinnung bleibt über Stunden beeinträchtigt. Für zerstrittene Paare gilt also auch im Wortsinne, dass sie sich manchmal dauerhaft verletzen.

Was guten Streit ausmacht

Ob Streit gelingt, bezieht sich wohlgemerkt nicht auf den Grund der Auseinandersetzung, sondern auf die Art und Weise, wie er geführt wird. Es geht schlicht darum, den anderen im Konflikt nicht zu entwerten und trotzdem andere Meinungen gelten zu lassen. Idealtypisch heißt das, Sätze zu verwenden wie: »Liebling, ich sehe das zwar ausnahmsweise anders als du, aber ich liebe dich trotzdem.« Die Kritik ist eingebettet in allgemeine Wertschätzung des anderen.

Die schlimmsten Waffen im Beziehungskampf sind neben wüsten Beleidigungen hingegen Generalisierungen, die mit »nie hörst du ...«, »immer machst du ...« oder »ständig glaubst du ...« beginnen. Dann muss der andere den Eindruck bekommen, dass er sowieso keine Chance hat, schlicht, weil er alles falsch zu machen scheint. Im häuslichen Stellungskrieg hat es sich zwar bewährt, nicht jedes wütend herausgeschleuderte Wort auf die Goldwaage zu legen, sondern besser kurz das Zimmer zu verlassen, wenn sich der Schwall heftiger Beschimpfungen kaum noch zurückhalten lässt. An die Luft gehen statt in die Luft. Trotzdem bleiben manche Verletzungen lange haften und breiten sich aus wie ein Geschwür. Die Psychologen John Gottman und Robert W. Levenson von der Universität Berkeley haben ermittelt, dass sich Paare früh trennen, wenn sie einander ständig kritisieren, sich bei der kleinsten Kritik gleich in eine bockige Abwehrhaltung begeben und weder die Ansichten noch die Gefühle des Partners an sich heranlassen.
Der wichtigste Unterschied zu Paaren, die lange zusammenbleiben, ist ihr Verhalten im Streit. Zwar

lassen sich negative Gefühle, Wut und Ärger im Konflikt kaum vermeiden. Bei den Streithähnen, die sich in den nächsten Jahren scheiden ließen, waren jedoch nur noch Verachtung und Abscheu füreinander zu erkennen und keine milden, ausgleichenden Worte mehr im Arsenal. Die liebenswerten Seiten an ihrem Partner können diese Menschen schon lange nicht mehr wahrnehmen. Der chronische Streit ist der immer wieder genutzte Anlass, seine schlechte Laune auf ein Ziel zu richten und den anderen erneut herabzusetzen und fertigzumachen.

Trotz aller Benimmregeln für konstruktiven Streit heißt das nicht, sofort zu vergeben, wenn der Partner sich mies verhalten hat. »Es kann durchaus hilfreich sein, den anderen eine Weile spüren zu lassen, dass man gekränkt ist, statt ihm gleich zu verzeihen«, sagt der Psychologe James McNulty von der Florida State University. Jeden Konflikt umgehend in Harmoniesoße zu ertränken, kann zwar im ersten Moment angenehmer für beide sein, langfristig geht es aber womöglich auf Kosten der Beziehung.

Anzusprechen, welches Verhalten einen am Partner stört, und darüber zu reden, was man vermisst und was verletzt und kränkt, ist auf Dauer verbindender. Die falsche Form der Rücksichtnahme, Konflikte nicht anzusprechen und seinen Ärger für sich zu behalten, kommt gerade bei jenen Menschen öfter vor, die nicht gelernt haben, gut für sich zu sorgen, hat McNulty beobachtet. Denn Streit kann der Beziehung sogar neue Intensität verleihen. Zudem trägt er dazu bei, sich seiner eigenen Haltung zu vergewissern und nebenbei aufs Neue zu klären, wofür und wogegen der andere eigentlich steht und was ihm wichtig ist. Das verbindet und belebt die Partnerschaft, statt sie zu zerstören.

Zur höheren Kunst des Beziehungsstreits hat es hingegen gebracht, wer früh ahnt, was den Partner auf die Palme bringen wird – und dies mit liebevollem Verständnis vermeidet oder zumindest abfedert. Schließlich müssten Männer mittlerweile wissen, dass Frauen sie als eine Art Gestaltungsprojekt verstehen, an dem es immer etwas zu verbessern gibt und das trotzdem niemals fertig wird. Und Frauen sollten einsehen, dass es nicht gegen sie gerichtet ist, wenn er sich wortkarg zurückzieht und auch nach der Schweigepause nicht reden will. Beides sind vermutlich typische Verhaltensmuster des anderen. Man sollte sie auch nach vielen Jahren der Partnerschaft noch – oder vielmehr: wieder – als liebenswürdige Eigenheiten sehen, die den anderen so einzigartig machen, wie man sie oder ihn immer haben wollte.

Ausführliches Inhaltsverzeichnis